Kaiserstraße 14 b
D-80801 München

ISBN 978-3-89883-530-5
1. Auflage 2016

Projektleitung	Kathrin Ullerich
Lektorat	Kathrin Gritschneder
Grafische Gestaltung	Ronja Bernhardt
Satz	Julia Arzberger, Claudia Wolff
Fotografie	Thorsten Suedfels
Foodstyling	Pia Westermann
Herstellung	Peter Karg-Cordes
Producing	Jan Russok
Druck & Bindung	L.E.G.O., Vicenza

Die ZS Verlag GmbH ist ein Unternehmen der Edel AG, Hamburg.
www.zsverlag.de | www.facebook.com/zsverlag

Claudia Lenz

DAS DARM KOCHBUCH

Rezepte für ein gutes Bauchgefühl
und ein starkes Immunsystem

mit Fotos von Thorsten Suedfels

Mittwoch
morgens
2 Toast
Honig
1 Becher
Kaffee
zwischen
durch
1 Banane
→ Völlegefühl
1 Glas Wasser
mittag
Pizza
Salami
→ extreme Müdigkeit
nachmittag
2 Schokokekse
1 Latte Macchiato
abend
Schnitzel
Salat, klein
+ Pommes
→ Blähungen
spät
abends
handvoll Erdnüsse

CHARME-OFFENSIVE FÜR DEN DARM

Solange es uns gut geht, ist er das wohl am wenigsten beachtete Organ im Körper: Der Darm führt ein geheimnisvolles, kompliziertes Dasein tief in unserem Inneren. Dunkle Geschäfte finden hier statt, über die man nicht gerne spricht. Wichtig irgendwie, aber doch auch unappetitlich. Hat der Darm jedoch Probleme und drückt und grimmt, dann hat man das Gefühl, selbst ein einziger Problemfall zu sein. Verdauungsstörungen sind unangenehm, oft schmerzhaft und auf jeden Fall quälend. Hinzu kommt, dass der Arzt auf die Schnelle selten eine Antwort weiß auf all diese unaussprechlichen Leiden und einen zunächst oft ohne guten Rat entlässt. Und mit dem Essen – also dem Akt, mit dem alles beginnt, was den Darm reizt (oder ihm im Gegenteil guttut) – kann man nicht einfach aufhören wie etwa mit dem Rauchen.

Nahrungsmittelallergien und Lebensmittelunverträglichkeiten, die einem auf den Bauch schlagen, sind seit einigen Jahren auf dem Vormarsch. Doch was hat sich an unserer Ernährungsweise geändert? Warum sind Darmprobleme, vor allem Reizdarm, zu weitverbreiteten Volksleiden geworden? Die Antwort bietet auch die Lösung aus dem Dilemma: Unser Essen ist schuld. Wir greifen aus Zeitmangel oft zu Fertiggerichten, essen viel Brot und Getreidereiches und gerne Süßes, auch in Form von Getränken. Frisch zubereitetes Gemüse findet sich dagegen viel zu selten auf dem Speiseplan. Diese „moderne" Ernährungsweise – so praktisch und lecker sie oft auch ist – ist leider gar nichts für unseren Stoffwechsel, bei dem es sich um ein Steinzeitmodell handelt.

Tatsächlich hat sich unser Gehirn im Lauf der Menschheitsgeschichte so weit entwickelt, dass es uns an die Spitze der Nahrungskette katapultiert hat. Unser Verdauungssystem und unser Stoffwechsel hingegen sind noch auf eine Ernährungsweise gepolt, die auf Ausgewogenheit beruht.

Bahnbrechend in der ziemlich frustrierenden Darmgesundheits-Historie war deshalb vor einigen Jahren das an der Universität von Melbourne entwickelte Low-FODMAP-Ernährungskonzept von Dr. Sue Shepherd und Dr. med. Peter Gibson: Mit dieser „Diät", bei der gezielt bestimmte schwer verdauliche und den Darm reizende Lebensmittel weggelassen werden, der Genuss aber nicht zu kurz kommt, kehrt endlich wieder Normalität und vor allem Seelenruhe am Esstisch ein. Das Konzept hat sich in der Praxis sehr bewährt und mich als Ernährungswissenschaftlerin von Beginn an überzeugt. Deshalb habe ich auf seiner Basis für dieses Buch über 75 alltagstaugliche Rezepte entwickelt, die jedem schmecken und mit denen Sie Ihr ganz persönliches Wellnessprogramm für den Darm gestalten können – und das jeden Tag. Das Gute daran: Der Darm erholt sich relativ schnell. Wie das funktioniert, erfahren Sie auf den folgenden Seiten. Endlich ist Essen nichts mehr, wovor Sie Angst haben müssen, sondern es trägt wieder dazu bei zu spüren, worauf es wirklich ankommt: auf Lebensfreude. (Darm-)Gesundheit ist ganz einfach, wenn man das Richtige isst…

Herzlich, Ihre

Claudia Lenz

HISTAMIN
FRUKTOSE

EINLEITUNG

Sie wünschen sich wieder ein **GUTES BAUCHGEFÜHL** und Ruhe im Bauch? Dann geht es hier gleich damit los: Auf den nächsten Seiten finden Sie **ALLES WISSENSWERTE** und zahlreiche alltagstaugliche Tipps rund um Verdauung, Gesundheit und eine **DARMSCHONENDE ERNÄHRUNG.**

DARMGESUND = RUNDUM GESUND

Dass der Darm die Quelle von Gesundheit ist, wusste die traditionelle Heilkunde zu allen Zeiten. Heute ist wissenschaftlich belegt, dass unser Darm tickt wie ein zweites Gehirn, dass hier ein Großteil unseres Immunsystems verortet ist und jede zum Leben notwendige Energie entsteht.

In fast allen ganzheitlich orientierten Gesundheitssystemen der Welt – vom indischen Ayurveda über die Traditionelle Chinesische Medizin (TCM) bis zu den großen mittelalterlichen Heilern wie Paracelsus und Hildegard von Bingen – wusste man von der überragenden Rolle der Verdauung für das Wohlbefinden des Menschen. Auch Hippokrates, der Urvater der Ärzteschaft, notierte: „Der gesunde Darm ist die Wurzel jeder Gesundheit."

WAS DEN DARM STARK MACHT, WAS IHN SCHWÄCHT

Gesund ist der Darm, wenn er gut behandelt wird. Dazu gehören eine ausgewogene Ernährung (wie die aussieht, erfahren Sie auf den nächsten Seiten), aber auch ein guter Alltagsmix aus Stress und Entspannung, denn unser Verdauungssystem ist ein Sensibelchen. Wenn es unserem Darm gut geht, merken wir gar nichts davon. Wir fühlen uns dann rundum gesund und machen uns auch keine Gedanken über unseren Bauch, geschweige denn über unsere Ernährung und eventuelle Unverträglichkeiten oder Allergien. Sobald jedoch Bauchschmerzen, Blähungen, Verstopfung oder Durchfall zur Tagesordnung gehören, ist gar nichts mehr gut. Und wer die Symptome kennt, weiß um die Spirale aus Essen, Nicht-Essen, Weglassen und den Verlust an Lebensfreude. Denn wenn Essen zum Problem wird, macht nur noch wenig Spaß. Mahlzeiten sind schließlich nicht nur ein wichtiger Taktgeber im Alltag, sie sind auch gemeinschaftsfördernd, entspannend und laden zum Genießen ein. Doch keine Sorge: Auch der empfindlichste Darm lässt sich kurieren. Wie das anhand einer einfachen Ernährungsumstellung – und mit viel Genusspotenzial – funktioniert, das erfahren Sie in den folgenden Kapiteln.

UNSER GEHEIMES INNENLEBEN

Sehen wir uns die Quelle unserer Gesundheit einmal genauer an: Der Darm besteht aus Dünndarm und Dickdarm. Er ist rund acht Meter lang und unser größtes Organ. Bei einem Erwachsenen hat er eine Oberfläche von 400 bis 500 Quadratmetern – das entspricht in etwa der Fläche von zwei Tennisplätzen! Diese gewaltige Fläche findet selbst im schlankesten Bauch Platz, weil die Schleimhaut des Dünndarms in unzählige Falten gelegt ist. Hierauf sitzen wie ein Teppich Millionen von Darmzotten: mikroskopisch kleine, fingerartige Ausstülpungen, die die Oberfläche zusätzlich vergrößern und der wichtigste Bestandteil des Darms sind. Sie sind die Vermittler zur Außenwelt, denn über sie werden die Nährstoffe aus unserem Essen aufgenommen und weitergeleitet. Die Darmzotten können sich aufgrund von Unverträglichkeiten (beispielsweise auf Gluten, siehe Seite 15) entzünden, was dann zu Durchfall, Blähungen und anderen Beschwerden führen kann. Dass der Nahrungsbrei innerhalb des Dünndarms weitertransportiert werden kann, dabei hilft seine äußere Wand: Sie besteht aus einer Ring- und Längsmuskulatur, die vom autonomen Nervensystem des Darms gesteuert wird. Durch die Arbeit der Muskeln (Peristaltik) bewegt sich der verdaute Nahrungsbrei weiter in Richtung Dickdarm. Zugleich werden alle Bestandteile aus dem Essen zu kleinsten Molekülen umgebaut. Der Zottenflor im Inneren des Dünndarms enthält Drüsen- und Transportzellen, Verdauungssaft und Enzyme, mit deren Hilfe die Nährstoffe in den Blutkreislauf gelangen. Während der Dünndarm also wichtig ist, damit lebenswichtige und energiereiche Substanzen in den Stoffwechsel aufgenommen werden, hat der Dickdarm vor allem die Funktion, dem übrigen Speisebrei Wasser und Salze zu entziehen und ihn in Richtung Darmausgang zu befördern.

DARM GUT, ALLES GUT

Im Darm leben Millionen von Bakterien, Viren und Pilzen – das sogenannte Mikrobiom. Schon lange sind die Bakterien als Verdauungshelfer bekannt, ohne die zum Beispiel unverdauliche Nahrungsbestandteile wie Ballaststoffe nicht zerlegt werden könnten. Außerdem „trainieren" sie das Immunsystem, denn durch den Kontakt mit ständig neuen Stoffen im Darminhalt lernen die körpereigenen Abwehrzellen, zwischen „gut" und „böse" zu unterscheiden. Wie sich die „Bakterien-WG" in unserem Darm zusammensetzt, ändert sich ständig – darauf hat vor allem die Ernährung einen wichtigen Einfluss. Das bedeutet: Eine gesunde Ernährung und ein starkes Immunsystem gehen Hand in Hand!

DER DARM DENKT MIT

Der Darm besitzt auch ein eigenes Nervensystem, das Forscher „Bauchhirn" oder „zweites Gehirn" nennen. Die Zelltypen und -rezeptoren in Magen und Darm sind denen in unserer Steuerzentrale im Kopf sehr ähnlich – für den Austausch an Informationen werden die gleichen Botenstoffe verwendet. Der Zustand unseres Darms hat also nicht nur Einfluss auf unsere Gesundheit, sondern auch auf unser Denken und unsere Gefühlswelt. Auch im Volksmund hat sich dieser Zusammenhang zwischen Bauch und Kopf niedergeschlagen: Wir müssen schlechte Nachrichten „verdauen", haben als Verliebte „Schmetterlinge im Bauch" oder treffen Entscheidungen „aus dem Bauch heraus" – aus einem gesunden, versteht sich.

MULTIKULTI IM DARM – DAS MIKROBIOM, EIN „SUPERORGAN"

Sie hausen im Dunkeln und sind derzeit eines der spannendsten Objekte der Forschung: In nur einem Gramm Darminhalt wohnen mehr Lebewesen als Menschen auf der Erde – dabei handelt es sich vor allem um Bakterien, aber auch um Viren oder Pilze. Insgesamt siedeln um die 100 Billionen Bakterienzellen im Darm! Diese winzigen „Untermieter" sind eine bunt gemischte „Multitasking-Truppe": Bislang konnte man mehr als 1000 Bakterienarten mit unterschiedlichen Funktionen identifizieren. Wie sich die Darmflora zusammensetzt, ist individuell verschieden. Ihre Hauptaufgabe ist es, bei der Verdauung zu helfen und einen Abwehrwall gegen Krankheitserreger zu bilden. Nach neuesten Studien steuert sie aber auch unser Seelenleben und das Sättigungsgefühl. Die Darmflora aus dem Lot bringen können Infektionen, bestimmte Medikamente wie etwa Antibiotika sowie eine unausgewogene Ernährung. Umgekehrt ist eine Umstellung der Ernährung aber auch der Schlüssel, um eine geschädigte Darmflora zu sanieren: Je nachdem, was wir essen, ändert sich die Bakterienpopulation im Darm bereits innerhalb von 24 Stunden.

AUF DER SUCHE NACH DEM GUTEN BAUCHGEFÜHL

Unser Darm ist ein Sensibelchen, das nicht nur auf die tägliche Ernährung, sondern auch auf emotionale Reize und unseren Lebensstil intensiv reagiert. Wenn der Bauch rumort und ständig unruhig ist, fordert er unsere Aufmerksamkeit und Achtsamkeit ein: Hören Sie auf Ihren Bauch – und pflegen Sie ihn.

Der Fastenarzt F. X. Mayr brachte es auf den Punkt: „Chronische Darmstörungen sind das unbekannteste, weitverbreitetste und verhängnisvollste Leiden des modernen Menschen." Ein schlechtes Bauchgefühl kann dabei die unterschiedlichsten Ursachen haben: von einer bevorstehenden Prüfung oder einem Zahnarzttermin bis hin zu „falschem" Essen oder schlechtem Schlaf. Deshalb sollte man in jedem Fall mit seinem Arzt abklären, ob das Grimmen im Bauch organische Ursachen hat, bevor man weitere Maßnahmen ergreift.

VOLKSLEIDEN DARMPROBLEME

Wenn der Darm „die Nerven verliert", lautet die Diagnose häufig: Reizdarm (siehe Kasten rechts): Hierbei kommt es in bestimmten Situationen oder immer wieder zu Verdauungsstörungen mit Blähungen und Bauchschmerzen, ohne dass sich dafür organische Ursachen finden lassen. Andere Symptome wie Übelkeit, Durchfall oder Reisedurchfall werden durch Infektionen mit Bakterien, Viren, Pilzen oder Parasiten verursacht (z. B. bei Magen-Darm-Grippe). Bestimmte Nahrungsmittelunverträglichkeiten oder -allergien wie Laktose- oder Fruktose-Intoleranz (siehe Seite 15), Gluten-Sensitivität oder Zöliakie können zu chronisch entzündlichen Darmerkrankungen (z. B. Morbus Crohn, Colitis ulcerosa), Durchfall oder Bauchschmerzen führen. Ebenfalls häufig sind Magenschleimhautreizungen und -entzündungen (Gastritits) sowie Magen- und Zwölfingerdarmgeschwüre (Ulcus ventriculi bzw. duodeni). Hier sind die Hauptursachen die ständige Einnahme von Schmerzmitteln (z. B. Ibuprofen, ASS) sowie Rauchen, übermäßiger Alkoholkonsum und chronischer Stress. Störend auf das Gleichgewicht von nützlichen und schädlichen Bakterien im Verdauungssystem wirken auch Antibiotika, die die Darmflora stark beeinträchtigen. Denn jedes Antibiotikum zerstört nicht nur schädliche Bakterien, sondern die guten gleich mit. Problematischerweise erholen sich die schädlichen Darmbakterien nach einer Antibiotika-Therapie häufig schneller als die nützlichen, wenn nicht beispielsweise durch die Gabe von Probiotika (etwa in Joghurt) gegengesteuert wird. Es empfiehlt sich, Antibiotika wirklich nur dann einzunehmen, wenn Ihr Arzt dringend dazu rät.

DIE DARMGESUNDHEIT SELBST IN DIE HAND NEHMEN

Chronischer Stress, ständiger Ärger und ein gestörter Schlaf schlagen erwiesenermaßen ebenfalls auf den Magen. Leider gehören diese häufig zum Leben des modernen Menschen dazu, ebenso wie eine unausgewogene Ernährung mit reichlich Zucker, Fertiggerichten, Fastfood und vielen tierischen Produkten. Dies alles schafft ein Milieu im Verdauungssystem, in dem sich die nützlichen Darmbakterien nicht mehr zu Hause fühlen – die schädlichen aber sehr wohl.

DAS REIZDARMSYNDROM – WENN DER BAUCH VERRÜCKT SPIELT

Eine der häufigsten Magen-Darm-Erkrankungen ist das Reizdarmsyndrom (engl.: irritable bowel syndrome), das sich in den letzten Jahrzehnten in den westlichen Industrienationen zur Volkskrankheit entwickelt hat. Etwa die Hälfte aller Menschen mit Darmbeschwerden leidet unter einem Reizdarm. Bislang kursierten zahlreiche Vermutungen zu den Ursachen von Reizdarm, jedoch ohne nennenswerte wissenschaftliche Belege. Fest steht jedoch: Frauen sind etwa doppelt so häufig betroffen wie Männer. Beim Reizdarm wehrt sich das Verdauungssystem gegen bestimmte Stoffe aus der Nahrung, die es irritieren und aus dem Gleichgewicht bringen. Diese Botschaften aus dem Darm sollte man unbedingt ernst nehmen. Das Reizdarmsyndrom stellt zwar keine lebensbedrohliche Krankheit dar, beeinträchtigt die Lebensqualität und das Wohlbefinden der Betroffenen aber nachhaltig. Oft zeigen sich die Beschwerden im ganzen Magen-Darm-Trakt. Zu den bekannten Risikofaktoren zählen bakterielle Infekte oder eine Störung der Darmflora. Als Verursacher stehen Fruktose und Sorbit besonders im Fokus. Vor allem Fruktose wird in Form von Maissirup sehr häufig in hochverarbeiteten, industriell gefertigten Nahrungsmitteln sowie Getränken eingesetzt. Sorbit (E 420, auch Sorbitol oder Glukitol) ist ein oft verwendeter Zuckeraustauschstoff, der in der Natur in Pflaumen, Birnen und Äpfeln vorkommt. Beide Zuckerarten werden ähnlich verstoffwechselt. Vor allem bei Patienten mit Reizdarm führt eine regelmäßige Zufuhr von Fruktose (z. B. aus Säften), Fruktanen (z. B. aus Weizen und Zwiebeln), Laktose, Galaktose oder den Zuckeraustauschstoffen Xylit, Sorbit und Maltit zu Blähungen und Schmerzen. Diese „Übeltäter“ werden als sogenannte FODMAPs zusammenfasst: Diese Abkürzung steht für **f**ermentierbare **O**ligo-, **D**i- und **M**onosaccharide und (**a**nd) **P**olyole. Diesen Zusammenhang haben die australischen Forscher Sue Shepherd und Peter Gibson aufgedeckt. Sie entwickelten das Low-FODMAP-Ernährungskonzept, auf dem auch die Rezepte in diesem Buch basieren (siehe Seite 18). Alle Reizdarmpatienten, die an der australischen Studie teilnahmen, profitierten von der Ernährungsumstellung. Daher gilt die Low-FODMAP-Diät vielen als die Therapie der Wahl bei Reizdarm.

Auch wenn man zu wenig trinkt, kann das zu Problemen im Darm führen. Hinzu kommt der Faktor Bewegung: Die meisten Menschen haben heute einen Berufsalltag, in dem sie zum Sitzen verdonnert sind. Das tut unserem Innenleben im Bauch aber nicht gut: Die Verdauung wird – wie der übrige Körper auch – träge und kann ihre Arbeit nicht mehr optimal erledigen. Das macht schlapp und lässt einen auch schneller alt aussehen.
Die gute Nachricht bei all diesen Aspekten, die unseren persönlichen Lebensstil betreffen: Wir können sie jederzeit ändern, indem wir besser auf uns achten, uns ausgewogener und gesünder ernähren und uns regelmäßig mehr bewegen. Und was den Stress betrifft: Er lässt sich im Alltag mitunter (leider) nicht vermeiden, macht ihn in vielen Situationen aber auch spannender und herausfordernder. Wichtig ist hier, die richtige Balance zwischen Auszeiten und Entspannungsphasen und einem Zuviel an Aktivitäten und Terminen zu finden. Das bringt Geist und Seele ins Gleichgewicht – und wirkt sich so ganz nebenbei auch auf das gute Bauchgefühl aus.

FEINDE IN MEINEM DARM: ZUCKER, FRUKTANE & CO.

Es gibt einiges, das dem Darm böse zusetzen kann. Nehmen wir hier die wichtigsten No-Gos unter die Lupe, die Sie ab sofort sparsamer einsetzen oder ganz aus Ihrer Ernährung streichen sollten. Dazu zählen vor allem verschiedene Zuckerarten beziehungsweise Kohlenhydrate, auch FODMAPs genannt.

Er schmeckt süß, ist aber nicht gut für unsere Gesundheit, wenn wir zu viel davon essen. Die Rede ist von Zucker, der aus der modernen Ernährung kaum wegzudenken ist: Süßes und Gesüßtes (auch in Form von Lebensmitteln wie Ketchup oder Chips, in denen man Zucker gar nicht vermuten würde) gibt es heute rund um die Uhr. Wir mögen Zucker von Klein auf und er ist gut für die Nerven. Unsere Muskeln lieben ihn, ebenso wie unsere Steuerzentrale im Kopf, die auf Glukose als „Treibstoff" angewiesen ist. Allerdings: Die meisten Unverträglichkeiten, die den Darm schädigen, geschehen in Folge des Konsums bestimmter Zuckerarten beziehungsweise Kohlenhydrate. Dabei ist Zucker nicht gleich Zucker – ein Blick auf die Vielfalt lohnt sich.

DIE DOSIS ENTSCHEIDET

Alle Zuckerarten (z. B. Glukose, Fruktose oder Saccharose) gehören zur Gruppe der Kohlenhydrate. Diese Nährstoffgruppe besteht aus den Elementen Kohlenstoff, Wasserstoff und Sauerstoff. Es gibt kurzkettige Kohlenhydrate, die aus einem bis zwei Bausteinen bestehen und süß schmecken (z. B. Glukose und Laktose) sowie langkettige Kohlenhydrate (beispielsweise Getreide- und Kartoffelstärke). Außerdem unterscheidet man zwischen verdaulichen und unverdaulichen Kohlenhydraten: Das sind solche, die vom Darm aufgenommen, und solche, die nahezu unverdaut ausgeschieden werden.

Als darmschädigender Stoff gilt nicht (nur) der gewöhnliche Haushaltszucker (Saccharose). Im Gegenteil! Weißer Zucker, wie wir ihn kennen, ist in der Regel für Reizdarmgeplagte sehr gut verträglich – außer man übertreibt es und verzehrt sehr große Mengen. Zum üblichen Süßen in der Küche, also etwa beim Backen oder bei der Zubereitung von Desserts, kann man bedenkenlos zu weißem Zucker greifen. Biochemisch setzt sich Haushaltszucker aus je einem Molekül Glukose und Fruktose zusammen.

DIE BÖSEN SCHWESTERN

Besonders tückisch, weil ihr Name so harmlos klingt und sie auf den ersten Blick gesund anmutet, ist dagegen Fruktose (Fruchtzucker). Diese „böse Schwester" aus der Zuckerfamilie hat die Forschung als Mitverursacher und Auslöser zahlreicher Zivilisationskrankheiten ausgemacht. Neben ihr stehen auch der Zuckeralkohl Sorbit und sein Verwandter, der Zweifachzucker Laktose, als „Übeltäter" im Fokus. Diese drei Kohlenhydrate werden heutzutage für einen Großteil der Darmbeschwerden verantwortlich gemacht. Warum Haushaltszucker gut verträglich ist, obwohl er auch Fruktose enthält? Weil er in Kombination mit Glukose vorkommt und deshalb bekömmlicher ist (siehe Kasten Seite 16). Glukose selbst wird von jedem gut vertragen, schließlich stellt sie die Energieform dar, die überall im Körper verarbeitet werden kann.

UNVERTRÄGLICHKEITEN AUF EINEN BLICK – WAS DEM DARM ZU SCHAFFEN MACHT

FRUKTOSE-INTOLERANZ

Bei einer Fruktose-Unverträglichkeit ist der Dünndarm nicht oder kaum in der Lage, den Zucker aus der Nahrung aufzunehmen. Fruchtzucker wird über **spezielle Transportsysteme (GLUT-5)** aus den Dünndarmzellen aufgenommen und so in die Blutbahn geschleust. Versagen diese, kommt es zur Fruchtzucker-Intoleranz oder -Malabsorption. Der nicht vollständig abgebaute Fruchtzucker landet dann zu einem großen Teil im Dickdarm und wird von dort lebenden Darmbakterien vergoren. Heraus kommen dabei: **Kohlendioxid, kurzkettige Fettsäuren und Wasserstoff.** Kohlendioxid führt zu Blähungen, kurzkettige Fettsäuren verursachen Durchfall und Beschwerden wie ein Reizdarmsyndrom. Der Wasserstoff gelangt in die Blutbahn und wird über die Atemwege ausgeschieden. Steht immer ausreichend Fruktose zur Verfügung, vermehren sich bestimmte Darmbakterien und **verstärken die Verdauungsprobleme.** Ab einem bestimmten Punkt dehnt sich der Darm durch die Blähungen so stark aus, dass die Schleimhautfalte zwischen Dünn- und Dickdarm nicht mehr richtig schließt. Der Inhalt des Dickdarms mit seinen spezifischen Bakterienkulturen fließt in den Dünndarm, in dem andere Bakterien leben. In der Folge reagiert der Dünndarm **mit einer Entzündungsreaktion.** Ob eine Fruktose-Intoleranz besteht, kann mit einem Atemtest beim Hausarzt festgestellt werden.

LAKTOSE-INTOLERANZ

Wenn ein Glas Milch oder ein Milchkaffee zu Blähungen, Krämpfen oder sogar Durchfall führt, ist das mehr als unangenehm. Meist liegt dann eine Laktose-Intoleranz vor: Der Milchzucker macht dem Darm Probleme. Etwa **15 Prozent der Deutschen** vertragen Laktose nicht. Die Unverträglichkeit beruht darauf, dass der Körper nicht genug vom **Enzym Laktase** bildet, das den Zucker verdaulich macht. Im Grunde genommen ist das ganz normal: Die Aktivität des Enzyms lässt bei den meisten bereits im Kleinkindalter nach. Wenn man weiterhin Milch verträgt, ist das eher ungewöhnlich. Eine **Genmutation** macht es möglich. **Das Problem:** Heute stehen wesentlich mehr Milchprodukte zur Verfügung als früher, unter anderem in Form von Getränken. Darüber hinaus wird Laktose aber auch in vielen Fertigprodukten verwendet. Nicht immer führt die Laktose-Intoleranz zu Darmproblemen. Auch Kopfschmerzen, Hautprobleme oder Schlafstörungen können in Folge einer Milchzuckerunverträglichkeit auftreten. Um zu prüfen, ob Sie unter einer Laktose-Intoleranz leiden, ist ein Atemtest beim Hausarzt empfehlenswert.

GLUTEN-SENSITIVITÄT

Hierbei handelt es sich um eine **Unverträglichkeit gegen das Klebereiweiß** (Gluten), das in vielen Getreidesorten wie Weizen, Dinkel, Gerste, Roggen oder Grünkern vorkommt. Werden glutenhaltige Lebensmittel wie Brot oder Nudeln verzehrt, kommt es zu einer **nicht-allergischen Funktionsstörung** im Darm. Die häufigsten Symptome sind: Durchfall, Erbrechen, Appetitlosigkeit, Blutarmut und Blähungen. Als **Ersatz für glutenhaltiges Getreide** eignen sich Reis, Hafer, Hirse, Mais, Amarant, Buchweizen und Quinoa. Wichtig: Gluten-Sensitivität ist reversibel und **nicht zu verwechseln mit Zöliakie** oder Weizenallergie, die beide ärztlich diagnostiziert werden müssen und lebenslang bestehen.

GLUKOSE: FREIFAHRTSCHEIN FÜR FRUKTOSE?

Traubenzucker (Glukose) erhöht im Dünndarm die Aufnahmekapazität für Fruchtzucker (Fruktose), denn er stimuliert das dort in der Schleimhaut befindliche Transportprotein GLUT-2, das auch Fruktose transportieren kann. Das macht Haushaltszucker (ein Zweifachzucker, bestehend aus je einem Molekül Glukose und Fruktose) in der Ernährung bei Fruktose-Malabsorption zu einem neutralen Lebensmittel. Aber nur, wenn er in moderaten Mengen konsumiert wird.

ACHTUNG: MEHRFACHZUCKER

Kohlenhydrate, zu denen alle Zucker- und Stärkearten gehören, werden je nach Art ihrer Zusammensetzung Einfach-, Zweifach- oder Mehrfachzucker genannt. Der wichtigste Einfachzucker (Monosaccharid) neben Fruktose und Galaktose (Schleimzucker aus der Milch) ist Glukose (Traubenzucker), die auch als Baustein von Stärke (z. B. aus Getreide, Kartoffeln und Mais) dient. Einfachzucker schmeckt sehr süß, wird im Darm schnell verarbeitet und geht entsprechend rasch ins Blut über. Zweifachzucker, der aus zwei Einfachzuckern besteht, ist ebenfalls noch merklich süß. Für ihn gilt dasselbe: Auch er wandert schnell ins Blut. Je länger die Zuckerketten dann werden (bei Oligo- und Polysacchariden), desto weniger steht der Süßgeschmack im Vordergrund und desto länger brauchen sie, um verdaut zu werden.

FRUKTANE, GOS UND FOS

Diese Mehrfachzucker (fachsprachlich Oligosaccharide) stecken unter anderem in Hülsenfrüchten wie Bohnen, Linsen oder Erbsen, und zwar in Form sogenannter Galakto-Oligosaccharide (GOS). 60 Prozent der Menschen mit einer Nahrungsmittelunverträglichkeit machen diese Lebensmittel für ihr Unwohlsein mit verantwortlich. Deren unverdauliche Bestandteile gehören zu den Ballaststoffen, passieren Magen und Dünndarm unverdaut und werden erst im Dickdarm vergoren. Zu den schwer verdaulichen Viel- und Mehrfachzuckern zählen auch die Fruktane, die aus aneinandergereihten Fruktose-Molekülen mit jeweils einem Glukose-Molekül am Ende bestehen. Zu ihnen gehört beispielsweise Inulin, das in Topinambur, Pastinaken, Schwarzwurzeln, Chicorée, Spargel, Artischockenherzen, Zwiebeln, Knoblauch, Lauch und Endiviensalat vorkommt. Der leicht süßlich schmeckende Ballaststoff wird als Verdickungsmittel auch industriell hergestellten Quarkspeisen sowie Fleisch- und Wurstwaren zugesetzt.
Frukto-Oligosaccharide (FOS) bilden ebenfalls lange Zuckerketten und kommen natürlicherweise in Weizen, Zwiebeln, Bananen, Knoblauch, Lauch oder Chicorée vor. FOS bringen Masse in Lebensmittel und sorgen für eine angenehm cremige Konsistenz. Sie werden gerne kalorienreduzierten Lebensmitteln, Milchprodukten und Backwaren zugefügt. Auch sie sind unverdaulich und gären als präbiotische Ballaststoffe im Darm. Durch die Gärung werden große Mengen von Gas produziert, was bei Darmsensiblen oft zu Blähungen sowie Bauchkrämpfen und -schmerzen führt. Personen mit einer Fruktose-Intoleranz sind häufig auch intolerant gegenüber FOS.

VORSICHT BEI FERTIGPRODUKTEN

All diese Mehrfachzucker sind in vielen natürlichen Lebensmitteln enthalten, werden aber auch verschiedenen industriell verarbeiteten Produkten zugesetzt. Wenn Sie Fruktane und GOS vermeiden möchten, lassen Sie die in der Tabelle auf Seite 144/145 unter Oligosaccharide aufgelisteten Lebensmittel weg. Meiden Sie vor allem hoch verarbeitete Lebensmittel mit dem Zusatz von Präbiotika. In der Tabelle sehen Sie, wovon Sie die Finger lassen sollten, um Ihren Darm auf Vordermann zu bringen. Hier sind die wesentlichen bekannten „Übeltäter“ aufgelistet, jedoch ohne Anspruch auf Vollständigkeit. Individuell müssen noch weitere Lebensmittel gemieden werden, vor allem wenn zur Diagnose Reizdarm Allergien bzw. Unverträglichkeiten dazukommen.

ZUCKERAUSTAUSCHSTOFFE (POLYOLE)

Ebenfalls aufwühlend im Darm wirken die sogenannten Zuckeraustauschstoffe, die zur Stoffgruppe der Polyole (Zuckeralkohole) gehören. Dazu zählen Sorbit (E 420), Mannit (E 421), Maltit (E 965), Isomalt (E 953), Xylit (E 967) und Erythrit (E 968). Sie können (bis auf Erythrit) im Dünndarm nicht abgebaut werden und gelangen deshalb in den Dickdarm, wo sie von Bakterien verstoffwechselt werden. Mit den bekannten blähenden und abführenden Auswirkungen. Und diese Zuckeraustauschstoffe haben noch einen weiteren negativen Effekt: Sorbit, Mannit, Isomalt und Xylit blockieren im Darm das Transportprotein GLUT-5, das für den Abtransport von Fruktose zuständig ist (siehe Seite 15).

- **SORBIT** steckt in zuckerfreien Kaugummis, Pastillen und Lightprodukten, aber auch in einigen Früchten (z. B. Äpfeln, Birnen, Pfirsichen, Aprikosen, Pflaumen und Trockenfrüchten), außerdem in Bonbons, Diabetikerprodukten, Ketchup, Senf, Mayonnaise, Back- und Süßwaren. Bei einem Sorbit-Überschuss (etwa durch ständiges Kaugummikauen) reagiert auch ein gesunder Mensch mit Blähungen und Durchfall. Sorbit-Intolerante reagieren allerdings schon bei winzigen Mengen. Wie eine Fruktose-Intoleranz kann auch eine Sorbit-Intoleranz beim Arzt über den Wasserstoff-Atemtest nachgewiesen werden.
- **ISOMALT:** häufig anzutreffen in Backwaren, Desserts, Eiscreme, Schokolade und Kaugummi
- **MANNIT:** in Champignons, Shiitakepilzen, Feigen, Algen und Schwarzwurzeln
- **XYLIT:** in Pflaumen, Kaugummis und Bonbons
- **ERYTHRIT:** Der Zuckeralkohol (E 968) scheint auf den ersten Blick das ideale Süßungsmittel zu sein. Nicht nur, weil er bei gleicher Süßkraft wie Haushaltszucker kaum Kalorien liefert; er wird auch zum weitaus größten Teil im Dünndarm verstoffwechselt. Verzehrt man ihn in größeren Mengen, kann er allerdings abführend wirken.

Es ist hilfreich, stark fruktoselastige Lebensmittel weitgehend einzuschränken und Haushaltszucker nur moderat zu verwenden – wobei jeder ausprobieren muss, wie gut er ihn verträgt. Verträglich sind außerdem Traubenzucker und oft auch Milchzucker, sofern nicht gleichzeitig eine Laktose-Intoleranz vorliegt. Eine gute Alternative zum Süßen bieten auch Sirupe: Hier sind vor allem Ahorn- und Reissirup zu empfehlen, die in den meisten Fällen keine Fruktose enthalten.

PRÄBIOTIKA – EMPFEHLENSWERT ODER NICHT?

Übersetzt heißt Präbiotika so viel wie „vor dem Leben". Dabei handelt es sich um unverdauliche Nahrungsbestandteile (in Form von Inulin, FOS, Pektin und resistenter Stärke), die die Ausprägung einer gesunden, vielfältigen Darmflora unterstützen und nützlichen Bakterien (Probiotika) dabei helfen sich anzusiedeln. Sie sind bei gesunden Menschen (und ausreichender Flüssigkeitszufuhr) geeignet, die Darmtätigkeit zu normalisieren und zu regulieren. Außerdem können sie helfen, schädliche Substanzen zu binden und aus dem Darm zu befördern. Allerdings können Präbiotika für Menschen mit empfindlichem Darm zum Problem werden. Denn für sie sind die unverdaulichen Zuckerverbindungen wie Inulin nicht gesundheitsfördernde Ballaststoffe, sondern – im Gegenteil! – Reizstoffe. Seit 2012 darf deshalb nicht mehr für fruktanhaltige Lebensmittel mit dem Slogan „unterstützen eine gesunde Darmflora" geworben werden.

DARMGESUND GENIESSEN – SO EINFACH GEHT'S

Um eine natürliche Darmbalance wiederherzustellen, ist eine FODMAPs-reduzierte Ernährung ideal. Hierbei lässt man bestimmte kohlenhydrat- und ballaststoffreiche Lebensmittel weg und ersetzt sie durch bekömmliche. So verschwinden unangenehme Darmsymptome und Sie haben wieder Freude am Essen.

Wirklich darmgesund ist eine Ernährungsweise, die auf den konsequenten Verzicht von FODMAPs setzt. Keine andere „Diät" kann ihr diesbezüglich das Wasser reichen. Damit Ihr Bauch bald zur Ruhe kommt, sollten Sie als Erstes herausfinden, auf welche FODMAPs Sie besonders reagieren. Das wissen Sie schon nach kurzer Zeit, wenn Sie ein Ernährungstagebuch führen (siehe Seite 142). Ziel ist es, eine auf Ihre Bedürfnisse abgestimmte Ernährungsweise zu finden, bei der – ohne große Einschränkungen – Darmbeschwerden reduziert werden und Leben und Genießen wieder Spaß machen. Die Tabelle auf Seite 144/145 hilft Ihnen dabei. Wichtig: Bevor Sie eine FODMAPs-reduzierte Ernährung in Betracht ziehen, sollten Sie mit Ihrem Arzt organische Ursachen wie Intoleranzen (siehe Seite 15) abgeklärt haben.

SO FUNKTIONIERT DARMGESUND ESSEN

PHASE 1: Alle FODMAPs-reichen Nahrungsmittel sollten anfangs für 6 bis 8 Wochen komplett gemieden werden. Kommt es dabei zu einer deutlichen Verbesserung oder gar Normalisierung der Beschwerden, ist eine dauerhafte FODMAPs-arme Ernährung ratsam. Verwenden Sie – auch wenn Sie grundsätzlich Laktose und Gluten vertragen – laktosefreie und glutenarme Produkte. In der Lebensmitteltabelle auf Seite 144/145 sind die wichtigsten „Übeltäter", die dem Darm schaden, aufgelistet. Alle Rezepte in diesem Buch basieren darauf: Wir haben die dort aufgelisteten Lebensmittel nicht oder in nur geringen Mengen verwendet. Natürlich können Sie bei Bedarf noch weitere Lebensmittel meiden.

PHASE 2: Jetzt sollten Sie verschiedene FODMAPs-haltige Nahrungsmittel auf ihre Verträglichkeit überprüfen. Dabei kann über 3 bis 4 Tage hinweg jeweils ein FODMAPs-haltiges Nahrungsmittel in immer höherer Menge verzehrt werden, um herauszufinden, wie viel Sie davon vertragen. Kommt es gleich am ersten Tag nach dem Essen zu Verdauungsproblemen, sollten Sie dieses Nahrungsmittel nicht länger testen. Nach einer Woche kann dann ein weiteres FODMAPs-haltiges Nahrungsmittel (wiederum in sich steigernden Mengen) über 3 bis 4 Tage getestet werden. Je besser es Ihrem Darm geht, desto reichhaltiger wird auch wieder Ihr Speiseplan.
Lebensmittelbeispiele für jede Kategorie:

- **Laktose:** 150 ml Milch
- **Fruktose:** ½ Mango oder 1–2 Teelöffel Honig
- **Fruktane:** 2 Scheiben Weißbrot, 1 Knoblauchzehe oder 50 g Nudeln (ungekocht)
- **GOS:** 100 g Linsen oder Kichererbsen
- **Polyole:** 2–4 getrocknete Aprikosen (Sorbit); 45 g Pilze (Mannit)

Jetzt können Sie auch wieder glutenhaltige Lebensmittel verzehren. Die fett gedruckten Lebensmittel in der Tabelle sollten Sie allerdings weiterhin meiden. Diese sollten auch nach der strengen Ernäh-

FODMAPS AUF EINEN BLICK: DEN ÜBELTÄTERN AUF DER SPUR

OLIGOSACCHARIDE: Werden diese Kohlenhydrate schlecht absorbiert, sollten Sie ALLE Nahrungsmittel dieser Gruppe meiden, um dem Reizdarmsyndrom entgegenzuwirken und eine schnelle Verbesserung der Lebensqualität zu erreichen. Lebensmittel mit einem hohen Wert an Oligosacchariden:
• Weizen • Hülsenfrüchte (wie Bohnen, Erbsen, Linsen und Soja) • einige Gemüsesorten (besonders Zwiebeln)

DISACCHARIDE: Zweifachzucker kommen beispielsweise als Laktose (Milchzucker) in der Milch von Säugetieren vor, sie sind also in ALLEN Nahrungsmitteln aus Tiermilch in unterschiedlicher Konzentration enthalten. Da Laktose in kleinen Mengen vom Körper toleriert werden kann, ist eine vollständige Vermeidung von Milchprodukten nicht unbedingt nötig. Hier heißt es ausprobieren und testen, was Ihr Körper zulässt. Lebensmittel mit einem hohen Wert an Laktose:
• Milch und viele Milchprodukte (einschließlich Magermilch). Bis zu 50 ml pro Mahlzeit (z. B. in Kaffee) können eventuell verträglich sein.

MONOSACCHARIDE: Einfachzucker finden sich hauptsächlich in Früchten. Bei diesen Kohlenhydraten handelt es sich um natürlichen Zucker und dieser ist in fast allen Früchten, aber auch in Honig enthalten. Besonders wenn eine Frucht mehr Fruktose als Glukose enthält, können Probleme bei der Verdauung auftreten. Lebensmittel mit einem hohen Wert an Fruktose:
• Äpfel • Trockenobst • Honig • Agavendicksaft

POLYOLE: Die Zuckeralkohole stecken in verschiedenen diätetischen und zuckerfreien (Süßstoff) Lebensmitteln, wie etwa in Diät- oder Lightgetränken. Es gibt aber auch natürliche Lebensmittel mit einem hohen Wert an Polyolen:
• Pfirsiche • Pflaumen • Pilze • Blumenkohl
• Trockenfrüchte (Cranberrys)

rungsphase der ersten Wochen weiterhin vermieden werden. Für die anderen Lebensmittel in diesen Kategorien gilt, dass man sie nach und nach austesten sollte. Meist wird der Speiseplan dann auch wieder vielfältiger, weil sich die Darmflora verbessert hat.

PHASE 3: Ab jetzt essen Sie individuell angepasst an Ihre (Darm-)Bedürfnisse.

WAS SIE SONST NOCH TUN KÖNNEN

- Lesen Sie die Zutatenliste von Fertiggerichten, Konserven und Gläsern. Vermeiden Sie Lebensmittel und Zutaten mit hohem FODMAPs-Wert wie Früchte, Maissirup, Honig, Weizen, Soja etc.
- Verwenden Sie glutenfreies Mehl. Sie müssen jedoch keine 100-prozentig glutenfreie Diät befolgen, wenn bei Ihnen keine Zöliakie oder Weizenallergie vorliegt. Reis- und Maismehl haben sehr niedrige FODMAPs-Werte.
- Begrenzen Sie die Portionsgrößen von Nahrungsmitteln mit niedrigem FODMAPs-Gehalt, wenn Sie Beschwerden bekommen. Selbst kleine Mengen an FODMAPs können dem Darm mitunter zu schaffen machen, besonders bei Obst und ballaststoffreichem Gemüse. Als Richtwert für eine kleine Portion nehmen Sie eine ½ Teetasse (= ca. 100 ml).
- Essen Sie regelmäßig, möglichst gleichmäßig über den Tag verteilt, und vermeiden Sie Stress.

TIPPS & TRICKS
FÜR DIE DARM-KÜCHE

Wenn Sie oft selbst kochen und weitgehend auf verarbeitete Zutaten verzichten, ist dies ein wichtiger erster Schritt: Dann sind Sie nahezu unabhängig von klein gedruckten Zutatenlisten mit unzähligen potenziell darmaufwühlenden Inhaltsstoffen. Diese Infos helfen Ihnen außerdem, darmfreundlich zu kochen.

SÜSSUNGSMITTEL

Wir verwenden in unseren süßen Rezepten sowie zum Abschmecken normalen Zucker (Haushaltszucker), darüber hinaus auch Ahorn- und Reissirup sowie Traubenzucker. All diese Zuckersorten sind für darmsensible Menschen gut verträglich, sofern sie nicht überdosiert werden.

RICHTIG GEKOCHT, GUT VERDAUT

Maß halten ist die Devise, um den Darm intakt zu halten, damit er all seine Immunkräfte entfalten kann. Gehen Sie deshalb vorsichtig mit scharfen Gewürzen um. Zu große Mengen von Chili und Pfeffer reizen die Schleimhäute, was Beschwerden hervorrufen kann. Und halten Sie auch Maß beim Fett, denn fettreiches Essen kann bei Menschen mit sensibler Verdauung Darmbeschwerden triggern. Wir haben deshalb in unseren Rezepten nur geringe Mengen an Fett bzw. fettreichen Zutaten verwendet.

ÖLE UND FETTE

Einerseits soll man bei einem empfindlichen Darm Fett nur sparsam einsetzen. Andererseits ist es aber auch wichtig, dem Darm eine breite Palette an guten Fetten anzubieten, um mit allen wichtigen Fettsäuren optimal versorgt zu sein. Deshalb finden Sie in vielen Rezepten kleine Mengen an Nüssen, Kernen und Samen wie Walnüsse, Mandeln oder Sesam. Ansonsten kommen in unserer Darm-Küche vor allem Raps- und Olivenöl sowie Butterschmalz, Erdnussöl und Palmkern- bzw. Kokosfett zum Einsatz. Die vier Letzteren verwenden wir zum Frittieren und Ausbacken. Manchmal werden kalte Speisen noch mit ein wenig Distel-, Lein- oder Kernöl verfeinert – insbesondere wegen ihres besonderen Geschmacks.

DARMSCHONEND FRITTIEREN

Selbst frittierte Speisen sollten in der langfristigen Phase der Immun-Küche – also nach 6 bis 8 Wochen konsequenter Darmschonung – kein Problem darstellen. So wird's nicht zu fettig: Erhitzen Sie das Öl ausreichend stark, sonst saugt sich das Frittiergut zu sehr mit Fett voll: 170 °C sind optimal.

WÜRZIGE KÄSESORTEN: EINE CLEVERE ALTERNATIVE

Würzen Sie doch mal mit Käse! Geschmolzener Blauschimmelkäse auf Staudensellerie oder Tomatenscheiben, Parmesanspäne auf Blattsalat, Brokkoli, überbacken mit einem Guss aus Sahne, Ei und geriebenenem Parmesan. Salat und Gemüse profitieren vom kräftigen Käsearoma – und weitere Gewürze werden dann (fast) überflüssig.

KEINE ZWIEBELN, KEIN KNOBLAUCH!

Das sollten Sie unbedingt beachten, wenn Sie darmschonend kochen. Lauch als Röstgemüse entfällt auch, ebenso die meisten Brühpulver, da sie Zwiebelpulver enthalten. Aber schmeckt das Essen dann nicht reichlich fade? Zum Glück nicht, denn man kann sich ganz leicht mit Aromaextrakten behelfen: Es geht beim Zwiebel- und Knoblauchverbot ja nur um die Knolle bzw. die Zehe an sich, die beide unverdauliche Kohlenhydrate enthalten. Knoblauch gibt sein Aroma aber sehr freizügig an Öl ab, wenn man die geschälten Zehen einige Zeit darin ziehen lässt (siehe Seite 108). Und Zwiebeln muss man nur geschnitten in reichlich Öl goldbraun schmoren, schon erhält man ein wunderbar zwiebelaromatisches Öl (siehe Seite 51). So kommt Geschmack ans Essen!

KRÄUTER FÜR DEN GRÜNEN FRISCHEKICK

Würzen Sie so oft wie möglich mit frischen Kräutern: Hartlaubige Kräuter am besten mitbraten oder kurz mitgaren, zarte Blätter erst nach dem Kochen dazugeben. Wer will, legt sich einen kleinen Kräutergarten auf der Fensterbank zu. Am besten halten Sie drei bis vier Töpfe vorrätig und wechseln die Kräuter nach Geschmack ab. Auch getrocknete Kräuter und Gewürze verleihen Ihren Gerichten Aroma. Mischungen können Sie in Einwegteefiltern verpackt in Suppen und Saucen mitgaren.

AROMAÖLE FÜR DAS GENUSS-PLUS

Setzen Sie ruhig öfter aromatisierte Öle ein: Es gibt von Kräuter- über Zitrus- bis hin zu Pilzölen eine ganze Palette zur Auswahl. Wählen Sie ein, zwei Sorten aus – möglichst in kleinen Flaschen von ca. 100 ml Inhalt, denn Sie werden jeweils nicht mehr als ein paar Tropfen benötigen, um Salaten, Aufstrichen oder Pürees und Marinaden ein besonderes Aroma zu verleihen.

FRÜHSTÜCK

Entspannt in den **TAG STARTEN** – das wünschen sich alle. Und das ist mit darmschonenden Rezepten auch ganz einfach. Egal, ob Müsli mit Flocken, Warmes aus Getreide oder deftige Brote mit Aufstrich und Ei – so können Sie **KRAFT TANKEN** und **GAUMEN UND BAUCH** schon am Morgen verwöhnen.

QUINOA-FRÜHSTÜCK
MIT HEIDELBEEREN

Was gibt es für einen empfindlichen Bauch Wohltuenderes als einen warmen Getreidebrei? Quinoa bietet aber noch mehr: Die glutenfreien Körner liefern eine Extraportion Eiweiß sowie Eisen, Phosphor und Kalzium.

ZUTATEN FÜR 2 PERSONEN
¼ l Haferdrink (siehe Tipp)
100 g Quinoa
Salz
2 Handvoll Heidelbeeren
2 EL Ahornsirup
etwas abgeriebene unbehandelte Zitronenschale
2 EL Haselnussblättchen

ZUBEREITUNG: 30 Min.
PRO PORTION ca. 380 kcal, 9 g EW, 11 g F, 59 g KH

1 Den Haferdrink in einem Topf zugedeckt zum Kochen bringen. Inzwischen die Quinoa in einem Sieb unter fließendem kaltem Wasser gründlich waschen (so werden die bitter schmeckenden Saponine von den Körnern entfernt). Dann mit 1 Prise Salz in den Haferdrink geben und alles bei schwacher Hitze 20 bis 25 Minuten sanft köcheln lassen, bis die Körner die Flüssigkeit vollständig aufgesogen haben.

2 Währenddessen die Heidelbeeren verlesen, waschen und trocken tupfen. Den Topf vom Herd nehmen, die Quinoa mit Ahornsirup und Zitronenschale verrühren und auf Gläser oder Schälchen verteilen.

3 Die Heidelbeeren daraufgeben, die Haselnussblättchen darüberstreuen und das Quinoa-Frühstück noch warm servieren.

TIPP

Das Quinoa-Frühstück schmeckt auch gut mit 2 EL Crème légère – einfach zusätzlich unter die gegarte Quinoa rühren. Wer möchte, würzt noch mit 1 Prise Zimtpulver, gemahlenem Anis oder gemahlener Vanille.
Vorsicht mit Getreidedrinks: Manchen gesüßten Getreidedrinks ist der Ballaststoff Inulin – ein Oligosaccharid (siehe Seite 16) – zugesetzt, das macht die Drinks ungeeignet für eine darmfreundliche Ernährung. Wählen Sie deshalb am besten immer die pure Variante – oft mit dem Zusatz „natur“ versehen. Und werfen Sie trotzdem einen Blick auf die Zutatenliste, um sicherzugehen, dass wirklich kein Inulin enthalten ist.

BEERENQUARK
MIT REISWAFFELN

ZUTATEN FÜR 2 PERSONEN
100 g Himbeeren
2 EL Puderzucker
200 g Sahnequark (40 % Fett)
2 EL Mandelblättchen
gemahlene Vanille
6 große Reiswaffeln
(Fertigprodukt oder selbst gemacht, siehe Seite 130)

ZUBEREITUNG: 15 Min.
ZIEHEN: 10 Min.
PRO PORTION ca. 350 kcal,
14 g EW, 16 g F, 35 g KH

1 Die Himbeeren verlesen, waschen und trocken tupfen. Einige Beeren zum Garnieren beiseitelegen. Die restlichen Himbeeren mit dem Puderzucker bestäuben und 10 Minuten ziehen lassen.

2 Anschließend die gezuckerten Himbeeren mit einer Gabel leicht zerdrücken und unter den Quark ziehen. Den Quark auf Gläser oder Schüsseln verteilen und mit den beiseitegelegten Beeren und den Mandelblättchen garnieren.

3 Zum Servieren den Beerenquark mit je 1 Prise Vanille bestreuen. Die Reiswaffeln dazu reichen.

TIPP
Wer den Beerenquark schön locker und luftig mag, bereitet ihn besser mit 150 g Magerquark (10 % Fett) zu und mischt diesen mit 75 g geschlagener Sahne – beides ist auch laktosefrei erhältlich. Die Sahne – nach Belieben mit 2 TL Vanillezucker – mit den Quirlen des Handrührgeräts steif schlagen und dann mit den Himbeeren unter den Quark ziehen.

GEWÜRZ-HAFER-COOKIES
MIT ERDNÜSSEN

ZUTATEN FÜR 12–15 COOKIES
FÜR DIE COOKIES:
80 g Butter
100 g feine Haferflocken
40 g Erdnüsse
60 g glutenfreies Mehl
(z. B. Mix it! von Schär)
4 EL Puderzucker
1 gestr. TL Backpulver
1 EL Kakaopulver
1 TL Zimtpulver
1 TL Ingwerpulver
1 Ei, 2 EL Orangenmarmelade
1 EL helle Sesamsamen (oder Mohn)
AUSSERDEM:
150 g Naturjoghurt

ZUBEREITUNG: 20 Min.
BACKEN: 12–15 Min.
PRO STÜCK (bei 12 Cookies)
ca. 170 kcal, 4 g EW, 13 g F, 17 g KH

1 Für die Cookies den Backofen auf 180 °C vorheizen. Ein Backblech mit Backpapier belegen. Die Butter in einem Topf zerlassen, vom Herd nehmen und abkühlen lassen.

2 Inzwischen die Haferflocken in einer beschichteten Pfanne ohne Fett unter Rühren leicht rösten, bis sie duften. Herausnehmen und auf einem Teller abkühlen lassen. Anschließend die Erdnüsse in der Pfanne ohne Fett leicht rösten, herausnehmen und grob hacken.

3 Die Haferflocken in einer Schüssel mit Nüssen, Mehl, Puderzucker, Backpulver, Kakao, Zimt und Ingwer gut mischen. Zerlassene Butter, Ei, Marmelade, Sesam und nach Belieben 1 EL geschroteten Leinsamen hinzufügen und alles gut verrühren.

4 Mit zwei Esslöffeln aus dem Teig kleine Häufchen nebeneinander auf das Backblech setzen und leicht flach drücken. Die Cookies im Ofen auf der mittleren Schiene 12 bis 15 Minuten backen. Herausnehmen und abkühlen lassen. Mit dem Joghurt als süßes Frühstück servieren.

TIPP
Wer an Zöliakie leidet, verwendet glutenfreie Haferflocken und glutenfreies Backpulver. Hafer enthält im Naturzustand so gut wie kein Gluten, kann aber durch die Verarbeitung verunreinigt sein.

BUCHWEIZEN-PFANNKUCHEN
MIT ERDBEEREN

Aber bitte mit Sahne – dann schmecken die beerigen Pfannkuchen nämlich gleich doppelt so gut! Exotischer und obendrein vegan ist Kokosschlagsahne: Dafür lässt man Kokosmilch im Tiefkühlfach anfrieren und schlägt sie dann wie Sahne auf.

ZUTATEN FÜR 2 PERSONEN
200 ml Kokosmilch
125 g Buchweizenmehl
1 Ei
150 ml Reisdrink natur
1 gehäufter TL Kakaopulver
Salz
Öl zum Backen
150 g Erdbeeren
1 EL Zucker

ZUBEREITUNG: 40 Min.
TIEFKÜHLEN: 2 Std. 30 Min.
PRO PORTION ca. 630 kcal, 14 g EW, 33 g F, 65 g KH

1 Zunächst die Kokosmilch 2 1/2 Stunden in das Tiefkühlfach stellen. Etwa 20 Minuten vor Ende der Gefrierzeit für die Pfannkuchen Buchweizenmehl, Ei, Reisdrink, 150 ml Wasser, Kakao und 1 Prise Salz in einer Schüssel mit den Quirlen des Handrührgeräts zu einem Teig verrühren. Den Teig zugedeckt 15 Minuten ruhen lassen. In dieser Zeit die gespülten Quirle und einen hohen Rührbecher ins Tiefkühlfach stellen.

2 Inzwischen die Erdbeeren waschen, putzen und vierteln. Mit dem Zucker bestreuen und bis zum Servieren ziehen lassen. Aus dem Buchweizenteig in einer Pfanne in wenig Öl nacheinander 4 Pfannkuchen backen. Die Pfannkuchen warm halten.

3 Die halb gefrorene Kokosmilch aus dem Tiefkühlfach nehmen und mit einer Gabel auflockern, dabei eventuell noch vorhandene Flüssigkeit abgießen. Dann die Kokosmilch mit den gekühlten Quirlen des Handrührgeräts im gekühlten Rührbecher 3 bis 5 Minuten sahnig aufschlagen. Die Pfannkuchen mit Erdbeeren und Kokossahne servieren.

TIPP

Übrig gebliebene Kokossahne können Sie zwei Tage in einem Schraubglas im Kühlschrank aufbewahren. Falls Sie einmal größere Mengen Kokossahne benötigen – beispielsweise für eine große Einladung –, am besten gleich 1/2 l Kokosmilch 6 Stunden tiefkühlen.

BUCHWEIZEN-BLINIS MIT QUARK UND ANANAS

Morgengrüße aus Russland: Mit den kleinen Küchlein aus Buchweizen versüßen Sie sich und Ihrem Darm den Start in den Tag. Das Pseudogetreide ist glutenfrei und schmeckt zart-nussig – optimal für Küchlein, Crêpes oder Galettes.

ZUTATEN FÜR 2 PERSONEN
60 g Buchweizenmehl
40 g glutenfreies Mehl
(z. B. Brot-Mix B von Schär, siehe Tipp)
Salz
10 g Hefe (ca. 1/4 Würfel)
1 TL Zucker
1 Eigelb
Butterschmalz zum Ausbacken
1 kleine Dose Ananasstücke
(140 g Abtropfgewicht)
1/2 Päckchen Vanillezucker
150–200 g Magerquark (10 % Fett)
1 TL Puderzucker

ZUBEREITUNG: 1 Std. 15 Min.
GEHEN: 50 Min.
PRO PORTION ca. 430 kcal,
18 g EW, 11 g F, 60 g KH

1 Für die Blinis beide Mehlsorten und 1 Prise Salz in einer Schüssel mischen und in die Mitte eine Mulde drücken. Die Hefe in eine kleine Schüssel bröckeln und den Zucker darüberstreuen. 50 ml lauwarmes Wasser dazugießen und alles so lange verrühren, bis sich die Hefe aufgelöst hat. Die Hefelösung in die Mehlmulde gießen, etwas vom Mehl darüberstreuen und den Vorteig zugedeckt an einem warmen Ort etwa 10 Minuten gehen lassen.

2 Dann das Eigelb mit 150 ml lauwarmem Wasser zu Vorteig und Mehl geben und alles zu einem dickflüssigen Teig verrühren – am besten mit den Knethaken der Küchenmaschine oder des Handrührgeräts. Den Teig zugedeckt an einem warmen Ort etwa 40 Minuten gehen lassen.

3 Inzwischen die Ananasstücke in ein Sieb abgießen, dabei den Saft auffangen. 5 bis 6 EL Ananassaft mit Vanillezucker in einem kleinen Topf sirupartig einkochen lassen. Die Ananasstücke dazugeben, den Topf vom Herd nehmen und alles abkühlen lassen. Den Quark mit dem Puderzucker glatt rühren.

4 Etwas Butterschmalz in einer beschichteten Pfanne erhitzen. Den Blini-Teig nochmals kurz durchrühren, dann mit einem Löffel kleine Portionen nebeneinander in die Pfanne setzen und die Blinis darin bei mittlerer Hitze ausbacken. Die Blinis noch warm mit dem Quark und den Ananasstücken servieren.

TIPP

Auf dem Markt gibt es heute eine ganze Palette an glutenfreien Mehlmischungen von verschiedenen Anbietern. Sie bestehen meist aus einer Basis wie Mais- oder Reismehl und je nach Verwendungszweck weiteren Zutaten. Mehlmischungen zum Backen enthalten bereits ein Verdickungsmittel (wie z. B. Johannisbrotkernmehl), damit das Gebäck schön aufgeht. Die Mischungen sind frei von Gluten und Weizen – oft auch von Laktose –, es können allerdings Spuren von Soja enthalten sein.

FRÜHSTÜCK MIT MAIS- UND REISFLOCKEN

So fängt der Tag gut an! Dank glutenfreier Zerealien wie Reis, Mais und Quinoa kann der Darm ungestört seine Arbeit aufnehmen. Wer Abwechslung will, nimmt Haferflocken – auch diese gibt es glutenfrei.

ZUTATEN FÜR 2 PERSONEN
60 g Cornflakes
60 g Reisflocken
1 reife Banane
etwas Reissirup
200–300 ml Reisdrink natur
150 g Naturjoghurt
Sonnenblumenkerne, gepuffte Quinoa (siehe Tipp), Leinsamen oder getrocknete Beeren zum Bestreuen

ZUBEREITUNG: 10 Min.
PRO PORTION ca. 410 kcal,
10 g EW, 6 g F, 80 g KH

1 Die Cornflakes und Reisflocken auf Gläser oder Schälchen verteilen. Die Banane schälen, in Scheiben schneiden und zu den Flocken geben. Alles mit etwas Reissirup beträufeln.

2 Reisdrink und Joghurt ebenfalls auf die Schälchen verteilen. Wer will, kann den Joghurt vorher mit dem Reisdrink glatt verrühren.

3 Zum Servieren das Flocken-Joghurt-Müsli garnieren – nach Belieben mit Sonnenblumenkernen, gepuffter Quinoa, Leinsamen oder getrockneten Beeren.

TIPP

Quinoa gehört zu den Fuchsschwanzgewächsen und stammt aus den Andengebieten Südamerikas. Essbar sind nicht nur die senfkorngroßen Samen, sondern auch die Blätter, die in den Herkunftsländern als Gemüse und Salat zubereitet werden. Hierzulande haben vor allem die Samen Furore gemacht, die kein Gluten enthalten, dafür aber viel hochwertiges Pflanzeneiweiß liefern. Man kann die kleinen, runden Quinoasamen in der warmen Küche wie Getreide oder Reis verwenden. Extralecker schmecken sie in der gepufften Form im Müsli oder über einem Salat.

GESUNDES EIER-LEI

Good News: Für Darmsensible ist das gute alte Frühstücksei ein Segen. Denn wenn wir Eiweiß essen, ist der Magen lange beschäftigt und gut gefüllt. Nach einem Proteinfrühstück fühlen wir uns länger satt.

EIER MIT SPECK AUS DEM OFEN

Für 4 Personen den Backofen auf 180 °C (Umluft) vorheizen. 4 kleine Auflaufformen mit **Butter** einfetten. **4 Scheiben Frühstücksspeck** (Bacon) oder Kochschinken klein schneiden und je ein Viertel auf die Formen verteilen. **Je 1 Ei** daraufgeben und **1 gehäuften TL Crème fraîche** daraufsetzen. Mit **Pfeffer aus der Mühle** bestreuen, **40 g geriebenen Emmentaler** darüber verteilen. Auf jede Portion **1 TL Butter** setzen und die Eier im Ofen auf der mittleren Schiene etwa 10 Minuten garen. Das Eiweiß soll gestockt, das Eigelb noch weich sein. Herausnehmen und zu getoastetem Brot nach Wahl servieren. Tipp: Die Crème fraîche nach Belieben mit gehackten Kräutern mischen oder stattdessen Kräuterfrischkäse nehmen.

ZUBEREITUNG: 15 Min.
GAREN: 10 Min.
PRO PORTION ca. 230 kcal, 13 g EW, 20 g F, 1 g KH

RÜHREIER MIT DILLKRABBEN

Für 2 Personen **50 g gepulte Nordseekrabben** waschen und trocken tupfen. **1–2 Stiele Dill** waschen und trocken schütteln, Spitzen abzupfen und fein schneiden. Krabben und Dill mischen, mit **einigen Spritzern Zitronensaft** und **Pfeffer aus der Mühle** abschmecken. **3 Eier** und **3 EL saure Sahne** mit **1 Prise Salz** verquirlen. **1 EL Butter** in einer Pfanne zerlassen und die Eiermischung hineingeben. Die Krabben darauf verteilen und die Masse unter Wenden zu einem saftigen Rührei braten. Auf Teller verteilen, mit Pfeffer und etwas Salz würzen. Dazu passt Kartoffelbrot (siehe Seite 36).

ZUBEREITUNG: 15 Min.
PRO PORTION ca. 250 kcal,
16 g EW, 19 g F, 3 g KH

EIER AUF WOLKE SIEBEN

Für 2 Personen **2 zimmerwarme Eier** etwa 5 Minuten kochen, dann kalt abschrecken (das Innere sollte noch flüssig sein). In der Zwischenzeit **250 g Sahnequark (40 % Fett)** cremig rühren und auf Schälchen verteilen. **2 EL Olivenöl** (oder Knoblauchöl, siehe Seite 108) mit **etwas Paprikapulver** (edelsüß oder rosenscharf) verrühren und erwärmen. **1 glutenfreien Tortilla-Fladen** nach Packungsanweisung erhitzen. Die Eier vorsichtig pellen, auf die Quarkcreme setzen und mit dem warmen Paprikaöl beträufeln. Etwas grobes Meersalz darüberstreuen und jedes Ei mit ½ Tortilla-Fladen servieren.

ZUBEREITUNG: 20 Min.
PRO PORTION ca. 500 kcal,
24 g EW, 33 g F, 24 g KH

MAISBROT
FÜR SÜSSE AUFSTRICHE

Goldgelb und anisduftend kommt dieses Brot daher – die ideale Unterlage für alle Süß-Frühstücker! Das Brot schmeckt ofenfrisch am besten, am nächsten Tag die Scheiben toasten. Außerdem kann man das abgekühlte Brot prima einfrieren.

ZUTATEN FÜR 1 KASTENFORM (30 CM LANG)
375 ml Milch
5 EL Öl
375 g glutenfreie Speisestärke (aus Mais oder Kartoffeln)
125 g Maismehl
1 Päckchen Trockenhefe
1 TL Salz
1 gehäufter TL Zucker
gemahlener Anis
250 g Magerquark (10 % Fett)
1 Ei
Fett für die Form

ZUBEREITUNG: 15 Min.
GEHEN: 30 Min.
BACKEN: 50–60 Min.
PRO SCHEIBE (bei 24 Scheiben)
ca. 120 kcal, 3 g EW, 4 g F, 19 g KH

1 Die Form einfetten. Die Milch mit dem Öl in einem Topf erwärmen. Inzwischen Speisestärke, Maismehl, Hefe, Salz, Zucker und 1 Prise Anis in einer Schüssel mischen.

2 Den Quark und das Ei zur Mehlmischung geben und mit der warmen Milch-Öl-Mischung verrühren. Dabei am besten mit den Knethaken des Handrührgeräts arbeiten, der Teig soll sehr klebrig sein (kein zusätzliches Mehl hinzufügen).

3 Den Brotteig in die Form füllen, mit einem Küchentuch bedecken und an einem warmen Ort etwa 30 Minuten gehen lassen. Inzwischen den Backofen auf 200 °C vorheizen.

4 Das Brot im Ofen auf der mittleren Schiene 50 bis 60 Minuten goldgelb backen. Mit einem Holzstäbchen die Garprobe machen und darauf achten, dass das Brot wirklich nur hell bräunt (bei Bedarf mit Alufolie abdecken). Das Maisbrot aus dem Ofen nehmen, aus der Backform stürzen und auf einem Kuchengitter abkühlen lassen.

TIPP

Zu dem Maisbrot passt wunderbar ein Cranberry-Minze-Quark als süßer Aufstrich (siehe Foto): Dafür einfach 1 gehäuften EL getrocknete Gojibeeren mit 2 EL Quark und 1 EL Puderzucker in einem hohen Rührbecher mit dem Stabmixer fein pürieren. Dann 10 Minzeblätter waschen, trocken tupfen und in einem zweiten Rührbecher mit 1 EL Puderzucker und 2 EL Quark pürieren. Zuletzt den grünen und den roten Quark durch 100 g „weißen" Quark ziehen, sodass eine Marmorierung entsteht.

KARTOFFELBROT MIT BUTTERMILCH

Da fängt die gute Laune schon beim Frühstück an! Kartoffeln und Buttermilch sorgen dafür, dass dieses Brot außen kross und innen wunderbar saftig ist. Am besten verwenden Sie eine mehligkochende Kartoffelsorte.

ZUTATEN FÜR 1 KASTENFORM (30 CM LANG)
500 g glutenfreies Mehl (z. B. Brot-Mix dunkel von Schär)
200 g frisch gekochte, gepellte Kartoffeln (siehe Tipp Seite 111)
150 g lauwarme Buttermilch
1 EL Salz
2 EL Öl
1 ½ Päckchen Trockenhefe
50 g Kürbiskerne oder Leinsamen
zerlassene Butter für die Form und zum Bestreichen

ZUBEREITUNG: 15 Min.
GEHEN: 45 Min.
BACKEN: 1 Std.
PRO SCHEIBE (bei 24 Scheiben) ca. 100 kcal, 3 g EW, 3 g F, 15 g KH

1 Das Mehl in eine Schüssel geben, die Kartoffeln zerstampfen und dazugeben. 400 ml lauwarmes Wasser mit der Buttermilch verrühren und zur Mehl-Kartoffel-Mischung gießen. Salz und Öl dazugeben und alles gründlich unterrühren.

2 Dann die Hefe, nach Belieben 1 Prise Brotgewürz sowie die Kürbiskerne oder Leinsamen hinzufügen und alles mit den Knethaken des Handrührgeräts einige Minuten gut durchkneten. Falls der Teig zu fest ist, noch etwas lauwarmes Wasser dazugeben. Den Teig zugedeckt an einem warmen Ort etwa 45 Minuten gehen lassen.

3 Inzwischen den Backofen auf 230 °C vorheizen. Die Form mit Butter einfetten. Den Teig nochmals kurz durchkneten, dann in die Form füllen und mit einem angefeuchteten Löffel glatt streichen.

4 Das Brot im Ofen auf der mittleren Schiene etwa 1 Stunde backen. Dabei nach etwa 10 Minuten die Temperatur auf 200 °C herunterschalten und etwa 10 Minuten vor Ende der Backzeit die Kruste mit zerlassener Butter bestreichen. Das Brot aus dem Ofen nehmen, aus der Backform stürzen und auf einem Kuchengitter abkühlen lassen.

TIPP

Egal, ob herzhaft oder süß – dieses Kartoffelbrot eignet sich für alle Aufstriche. Besonders gut passen zum Beispiel die Aufstrichrezepte auf den folgenden Seiten. Puristen genießen das Kartoffelbrot frisch aus dem Ofen einfach mit Butter oder Quark.

KARTOFFELKÄSE
MIT RETTICH

Als Kinder liebten wir Großmutters Kartoffelkäse. Hier wird der Klassiker unter den Veggie-Aufstrichen mit Schnittlauch und Radieschen scharf aufgepeppt. Und mit ein paar Würztricks können Sie ihm sogar einen Asia-Touch geben.

ZUTATEN FÜR 6 PERSONEN
400 g mehligkochende Kartoffeln
Salz
120 g Rettich
Pfeffer aus der Mühle
75 g saure Sahne
3 EL Öl
1 Bund Schnittlauch
gemahlener Kümmel

ZUBEREITUNG: 45 Min.
PRO PORTION ca. 120 kcal,
2 g EW, 8 g F, 10 g KH

1 Die Kartoffeln in der Schale gründlich waschen und in Salzwasser 20 Minuten weich garen. Kartoffeln abgießen, ausdampfen lassen und möglichst heiß pellen.

2 Inzwischen den Rettich putzen, waschen und auf der Gemüsereibe fein raspeln. In einer Schüssel mit Salz und Pfeffer kräftig würzen.

3 Die Kartoffeln mit der sauren Sahne und dem Öl zerstampfen. Den Schnittlauch waschen, trocken schütteln und in feine Röllchen schneiden. Schnittlauch und Rettichraspel gut unter die Kartoffeln mischen.

4 Den Aufstrich mit Salz, Pfeffer und 1 Prise Kümmel abschmecken. In einem Schraubglas im Kühlschrank aufbewahrt hält sich der Aufstrich einige Tage frisch.

TIPP

Wenn Sie den Rettich vor dem Reiben im Ganzen dünsten, verliert er seine Schärfe – und eignet sich prima für einen Aufstrich mit japanischer Note: Dafür in 50 ml heißem Wasser teelöffelweise so viel helle Reis-Miso-Paste auflösen, bis das Aroma angenehm bis stark würzig ist (man benötigt etwa 2 TL). Statt mit Kümmel können Sie den Aufstrich dann mit im Mörser zermahlenen Instant-Wakame-Algen verfeinern. Übrigens: Verwenden Sie diese Mischung statt der sauren Sahne, ist der Kartoffelkäse laktosefrei.

FETAAUFSTRICH MIT OLIVEN

ZUTATEN FÜR 4 PERSONEN
100 g Käse nach Feta-Art
100 g Frischkäse
2 EL gemischte Kräuterblätter (z. B. Oregano, Petersilie, Thymian)
1 EL Knoblauchöl (siehe Seite 108)
4–5 schwarze Oliven (trocken eingelegt)
Salz, Pfeffer aus der Mühle

ZUBEREITUNG: 10 Min.
PRO PORTION ca. 200 kcal, 6 g EW, 19 g F, 2 g KH

1 Den Käse grob zerkleinern, mit dem Frischkäse in einen hohen Rührbecher geben und mit dem Stabmixer fein pürieren.

2 Die Kräuter waschen, trocken tupfen und fein hacken. Dann mit dem Knoblauchöl unter die Käsemischung rühren.

3 Die Oliven entsteinen, sehr fein hacken und ebenfalls unterrühren. Den Aufstrich gegebenenfalls mit wenig Salz (der Käse ist bereits relativ salzig) und Pfeffer abschmecken.

TIPP
Der Aufstrich passt gut zu Ofenkartoffeln. Achtung: Wenn Sie den Aufstrich im Rahmen der SOS-Kurwoche (siehe Seite 146) essen möchten, sollten Sie bitte laktosefreien Käse und Frischkäse verwenden.

MAKRELENAUFSTRICH
MIT SHERRY UND KRESSE

ZUTATEN FÜR 4 PERSONEN
175 g geräuchertes Makrelenfilet (ohne Haut)
1 gehäufter EL Mayonnaise
2 gehäufte EL saure Sahne
½ Schalotte
½ Kästchen Gartenkresse (oder einige Rucolablätter)
1–2 EL süßer Sherry
Salz, Pfeffer aus der Mühle
Zitronensaft
grob gemahlener roter Pfeffer zum Bestreuen

ZUBEREITUNG: 10 Min.
PRO PORTION ca. 210 kcal, 9 g EW, 18 g F, 1 g KH

1 Das Makrelenfilet in einer Schüssel mit zwei Gabeln zerzupfen, die Mayonnaise und die saure Sahne unterrühren.

2 Die Schalotte schälen und in feine Würfel schneiden. Die Kresse vom Beet schneiden, waschen und trocken tupfen (den Rucola verlesen, waschen, trocken schütteln und fein hacken, dabei grobe Stiele entfernen).

3 Schalotte und Kresse (oder Rucola) unter die Makrelencreme rühren und die Mischung mit 1 EL Sherry sowie etwas Salz und Pfeffer würzen. Den Aufstrich gut verrühren und nochmals mit Sherry, Salz, Pfeffer und Zitronensaft abschmecken, zum Servieren mit rotem Pfeffer bestreuen. Dazu passt am besten ein kräftiges Sauerteigbrot.

TIPP
Sie mögen Koriander? Dann geben Sie der Räuchermakrele doch zur Abwechslung auch mal eine exotische Note: Entweder Sie ersetzen die Kresse durch frische Korianderblätter oder würzen den Aufstrich zusätzlich mit einem Hauch gemahlenem Koriander.

KLEINE GERICHTE

Sie suchen **LECKERE IDEEN** für Vorspeisen oder Zwischendurch-Snacks? Dann werden Sie hier lauter **NEUE LIEBLINGE** finden: ob knackige Salate, mediterrane Antipasti, cremige Suppen oder sämige Smoothies. On top gibt es raffinierte Mini-Rezepte zum Verfeinern von Essig und Öl.

MEDITERRANES GEMÜSE
MIT TOFUSCHEIBEN

An heißen Sommertagen darf es gerne etwas Leichtes sein: Lauwarm serviert, verströmt dieses Gemüsegericht den Duft eines sonnenverwöhnten Kräutergartens. Und es tut dem Darm gut, denn gehäutet ist Paprika optimal verträglich.

ZUTATEN FÜR 2 PERSONEN
1 rote Paprikaschote
Salz, Pfeffer aus der Mühle
1 kleiner Zucchino
200 g Tofu
2 Knoblauchzehen
1 Zweig Salbei
2 Zweige Rosmarin
4 EL Olivenöl
2 EL Pinienkerne

ZUBEREITUNG: 30 Min.
GAREN: 15 Min.
PRO PORTION ca. 460 kcal, 21 g EW, 36 g F, 12 g KH

1 Den Backofen auf 220 °C vorheizen. Ein Backblech mit Backpapier belegen. Die Paprikaschote längs halbieren, entkernen, waschen und trocken tupfen. Die Hälften mit den Schnittflächen auf das Blech legen und im Ofen auf der mittleren Schiene etwa 15 Minuten garen, bis die Haut sich dunkel verfärbt und Blasen wirft.

2 Die Paprikahälften aus dem Ofen nehmen, mit einem feuchten Tuch bedecken und abkühlen lassen. Dann die Schoten häuten und in Streifen schneiden, mit Salz und Pfeffer würzen und warm halten.

3 Inzwischen den Zucchino putzen, waschen und in dünne Scheiben schneiden. Den Tofu in fingerdicke Scheiben schneiden. Den Knoblauch schälen und längs halbieren. Salbei und Rosmarin waschen und trocken schütteln, die Salbeiblätter abzupfen.

4 Die Zucchinischeiben in einer Pfanne im Öl mit Knoblauch, Salbeiblättern und Rosmarinzweigen hellbraun braten (falls Knoblauch oder Kräuter zu dunkel werden, vorher wieder entfernen).

5 Die Zucchinischeiben aus der Pfanne nehmen und warm halten, Knoblauch und Kräuter entfernen. Dann den Tofu auf beiden Seiten im verbliebenen Kräuteröl braten, mit Salz und Pfeffer würzen. Den Tofu mit Zucchinischeiben und Paprika sowie nach Belieben mit den gebratenen Kräutern auf Teller verteilen und mit den Pinienkernen bestreuen.

TIPP

Im Handumdrehen wird aus dem mediterranen ein Asia-Gemüse: Einfach die Kräuter weglassen und das fertige Gericht mit einer Mischung aus Sojasauce und einigen Tropfen geröstetem Sesamöl beträufeln und mit Frühlingszwiebelgrün- oder Schnittlauchröllchen garnieren.

MARINIERTE MÖHREN MIT RADIESCHEN

ZUTATEN FÜR 2 PERSONEN
1 Knoblauchzehe
1 unbehandelte Orange
3 EL neutrales Öl
400 g dicke Möhren
Salz
5 Radieschen mit Grün
1 Handvoll zarte Sprossen
(z. B. Alfalfa oder Radieschen)
1 EL Rotweinessig
1 TL Zucker
1 EL gehackte Kräuter
(z. B. Petersilie oder Thymian)
Pfeffer aus der Mühle

ZUBEREITUNG: 30 Min.
PRO PORTION ca. 270 kcal,
3 g EW, 19 g F, 18 g KH

1 Den Knoblauch schälen und längs halbieren. Die Orange heiß waschen, trocken reiben und einige Schalenstreifen mit dem Sparschäler abziehen. Das Öl in einem kleinen Topf erwärmen. Knoblauch und Orangenschalen darin bei sehr schwacher Hitze so lange ziehen lassen, bis die übrigen Zutaten vorbereitet sind.

2 Die Möhren putzen, schälen und schräg in dicke Scheiben schneiden. Zugedeckt in einem Topf in wenig kochendem Salzwasser etwa 15 Minuten garen. In ein Sieb abgießen und abtropfen lassen.

3 Inzwischen vom Radieschengrün einige schöne Blätter abzupfen, waschen, trocken schütteln und fein hacken. Die Radieschen putzen, waschen und in sehr feine Würfel schneiden. Die Sprossen in einem Sieb heiß abbrausen und gut abtropfen lassen.

4 Mit einer Gabel Knoblauch und Orangenschalen aus dem warmen Öl entfernen, dann Essig, Zucker, Radieschen mit Radieschengrün und Kräuter unterrühren. Die Marinade mit Salz und Pfeffer kräftig würzen. Die Möhren noch warm mit der Marinade mischen. Zum Servieren die Sprossen darüberstreuen. Dazu passt geröstetes Brot.

MARINIERTE ZUCCHINI MIT FETADIP

ZUTATEN FÜR 2 PERSONEN
2 mittelgroße Zucchini
2–3 Zweige Thymian
2 EL Weißweinessig
1 EL Zucker
2 EL Olivenöl
2 EL Knoblauchöl
(ersatzweise Olivenöl, siehe Tipp)
Salz, Pfeffer aus der Mühle
100 g Käse nach Feta-Art
100 g Naturjoghurt
1 Spritzer Zitronensaft

ZUBEREITUNG: 20 Min.
PRO PORTION ca. 470 kcal,
15 g EW, 38 g F, 15 g KH

1 Die Zucchini putzen, waschen und quer in ½ cm dicke Scheiben schneiden. Den Thymian waschen und trocken schütteln, die Blätter abzupfen und fein hacken. Essig, Zucker, Olivenöl und 1 EL Knoblauchöl verrühren und die Vinaigrette mit dem Thymian würzen.

2 Die Zucchinischeiben in einer Grillpfanne ohne Fett auf beiden Seiten etwa 1 Minute braten, herausnehmen und auf eine Platte legen. Mit Salz und Pfeffer kräftig würzen, mit der Vinaigrette beträufeln und abkühlen lassen.

3 Inzwischen für den Dip den Käse mit einer Gabel zerdrücken, mit Joghurt, Zitronensaft und übrigem Knoblauchöl glatt verrühren. Mit Salz und Pfeffer würzen. Die marinierten Zucchini mit dem Dip anrichten, dazu passt geröstetes Brot.

TIPP

Wenn Sie Milchzucker (noch) nicht vertragen, verwenden Sie einfach laktosefreien Schafskäse beziehungsweise Feta für den Dip. Knoblauchöl finden Sie in jedem gut sortierten Supermarkt. Es lässt sich allerdings auch ganz einfach selbst herstellen (siehe Seite 108).

BUNTER BLATTSALAT-MIX MIT SCHINKEN

Melone mit Schinken als klassisches Antipasto kennen Sie sicher. Hier gibt es noch ein paar knackige Salatblätter und sättigende Nusskerne dazu! Und als i-Tüpfelchen kommt das Aroma von getrocknetem grünem Pfeffer on top.

ZUTATEN FÜR 2 PERSONEN
50 g Kopfsalat
40 g Lollo rosso
1/2 Stange Staudensellerie (ca. 50 g)
100 g Cantaloupe-Melonenfleisch
40 g würziger Rohschinken (siehe Tipp)
8 gesalzene Macadamia-Nusskerne
50 g Frischkäse (Doppelrahmstufe)
2 EL Öl
1 EL Zitronensaft
1 TL getrocknete grüne Pfefferkörner

ZUBEREITUNG: 30 Min.
PRO PORTION ca. 370 kcal,
8 g EW, 34 g F, 6 g KH

1 Kopfsalat und Lollo rosso putzen, waschen und trocken schleudern. Den Staudensellerie putzen, waschen und in sehr feine Scheiben schneiden, eventuell die Selleriestange vorher längs halbieren. Die Hälfte der Selleriescheiben mit einem Wiegemesser fein hacken und für das Dressing beiseitestellen.

2 Die Melone in kleine Würfel schneiden. Den Schinken ebenfalls fein zerkleinern (siehe Tipp). Die Salatblätter fein schneiden. Selleriescheiben, Melone, Schinken und Salat in einer Schüssel mischen. Die Macadamia-Nüsse grob hacken und in einer beschichteten Pfanne ohne Fett unter Rühren leicht rösten. Herausnehmen und abkühlen lassen.

3 Für das Dressing Frischkäse, Öl und Zitronensaft in einer Schüssel mit dem fein gehackten Sellerie cremig verrühren, bei Bedarf noch etwas Wasser unterrühren. Das Dressing unter den Salat mischen.

4 Die Pfefferkörner im Mörser fein zermahlen und darüberstreuen. Den Salat nach Belieben mit 1 Prise Salz würzen und auf Teller verteilen. Zuletzt mit den gerösteten Nüssen bestreuen.

TIPP

Für den Salat eignen sich Parma- oder Serrano-Schinken besonders gut. Den Parmaschinken am besten fein zerzupfen, Serrano-Schinken in feine Streifen oder Würfel schneiden.

KARTOFFELSALAT MIT KOHLRABI UND BACON

Diese K & K-Kombination werden Sie in den Rezepten noch öfter finden. Denn die milde Kartoffel und der würzige Kohlrabi bilden ein echtes Aroma-Dream-Team – egal, ob in Salat oder Suppe. Und das Beste: Der Darm liebt dieses Duo.

ZUTATEN FÜR 2 PERSONEN
6 kleine vorwiegend festkochende Kartoffeln
Salz
einige Blätter Kopf- oder Pflücksalat
2 Frühlingszwiebeln
2 EL Öl
1 Kohlrabi (ca. 250 g)
2–3 EL Weißweinessig
1/2 TL Senf
Zucker
Pfeffer aus der Mühle
6 Scheiben Frühstücksspeck (Bacon)
1/2 Bund Petersilie

ZUBEREITUNG: 45 Min.
PRO PORTION ca. 670 kcal,
8 g EW, 50 g F, 39 g KH

1 Die Kartoffeln in der Schale gründlich waschen und in Salzwasser 20 Minuten weich garen. Die Kartoffeln abgießen, ausdampfen lassen und möglichst heiß pellen.

2 Inzwischen den Salat putzen, waschen und gut trocken schleudern. Die Frühlingszwiebeln putzen und waschen. Den dunklen Teil in dünne Ringe schneiden und beiseitestellen, den hellen Teil längs halbieren und in einer Pfanne im Öl andünsten. Dabei darauf achten, dass die Frühlingszwiebeln nicht zu stark bräunen. Die Frühlingszwiebeln aus der Pfanne nehmen (sie werden nicht weiter verwendet) und das Öl in eine Salatschüssel gießen, die Pfanne beiseitestellen.

3 Den Kohlrabi putzen und schälen, die kleinen frischen Blätter beiseitelegen. Den Kohlrabi in kleinfingerdicke Stifte schneiden und in kochendem Salzwasser etwa 10 Minuten bissfest garen. In ein Sieb abgießen, kalt abschrecken und abtropfen lassen.

4 Für die Vinaigrette den Essig mit Senf, 1 Prise Zucker, Salz und Pfeffer verrühren und zum Frühlingszwiebelöl geben. Die Kartoffeln in dünne Scheiben schneiden, mit Kohlrabi unter die Vinaigrette mischen.

5 Den Bacon in der beiseitegestellten Pfanne bei mittlerer Hitze knusprig braten. Die Salatblätter in Streifen schneiden. Die Petersilie waschen und trocken schütteln, die Blätter abzupfen und ebenso wie die Kohlrabiblätter fein hacken. Den Kartoffelsalat nochmals mit Salz und Pfeffer würzen und Salat, Petersilie, Kohlrabi- und Frühlingszwiebelgrün untermischen. Den Kartoffelsalat mit den Baconstreifen und nach Belieben mit etwas Bratöl beträufelt servieren.

TIPP
Dieser deftige Kartoffelsalat schmeckt auch zu Bratwürsten, Frikadellen, Spiegeleiern oder gebratenem Fisch.

WOHLTUEND AROMATISCH

Zwiebel- und Knoblauchstücke nimmt einem der Darm schnell übel. Deshalb wird den beiden Aromabomben in diesen Essig- und Öl-Rezepten nur ihr voller Geschmack entlockt – mitgegessen werden die „Darmaufwühler“ aber nicht.

ROTWEINESSIG
MIT MITTELMEERAROMEN

Für 1 Flasche (ca. 700 ml Inhalt) **1 kleine Zwiebel** schälen und achteln. **2 Knoblauchzehen** schälen und halbieren. **1 kleines Bund Thymian** sowie **2 bis 3 Zweige Rosmarin** waschen und trocken schütteln. Zwiebel, Knoblauch und Kräuter mit **1 EL schwarzen Pfefferkörnern** in die sterilisierte Flasche geben. Mit **½ l Rotweinessig** auffüllen. Flasche verschließen, Essig bei Zimmertemperatur 2 Wochen durchziehen lassen, dabei immer wieder schütteln. Dann Kräuter und Würzzutaten durch ein feines Sieb abseihen, den Essig zurück in die Flasche gießen und im Kühlschrank aufbewahren. Der Essig passt gut zu mediterranen Gemüsesalaten. Haltbarkeit: ca. 6 Monate.

ZUBEREITUNG: 10 Min.
ZIEHEN: 14 Tage
PRO PORTION (2 EL = 30 ml)
ca. 10 kcal, 0 g EW, 0 g F, 1 g KH

APFELESSIG
MIT DILL UND SENF

Für 1 Flasche (ca. 700 ml Inhalt) **½ l Apfelessig** mit **1 TL Zucker** aufkochen und lauwarm abkühlen lassen. Inzwischen **4 Stiele Dill** waschen und trocken schütteln. **50 g Schalotten** schälen, fein würfeln und in die sterilisierte Flasche geben. Die Dillstiele und **1 TL Senfkörner** hinzufügen und alles mit dem Essig auffüllen. Flasche verschließen, Essig bei Zimmertemperatur 2 Wochen durchziehen lassen, dabei immer wieder schütteln. Dann die Kräuter und Würzzutaten durch ein feines Sieb abseihen, den Essig zurück in die Flasche gießen und im Kühlschrank aufbewahren. Schmeckt lecker zu Blattsalat oder grünem Bohnensalat. Haltbarkeit: ca. 6 Monate.

ZUBEREITUNG: 10 Min.
ZIEHEN: 14 Tage
PRO PORTION (2 EL = 30 ml)
ca. 10 kcal, 0 g EW, 0 g F, 1 g KH

ZWIEBELÖL
MIT RÖSTAROMA

Für 1 Flasche (ca. ¼ l Inhalt) **1 Gemüsezwiebel** schälen und in etwa ½ cm dicke Scheiben schneiden, auf der Arbeitsfläche ausbreiten und trocken tupfen. In einer Pfanne **¼ l neutrales Öl** (Raps- oder Olivenöl) erwärmen und die Zwiebelscheiben darin bei schwacher Hitze etwa 15 Minuten goldbraun schmoren. Die Zwiebelscheiben entfernen und das Öl durch ein Sieb in die sterilisierte Flasche gießen. Das Öl abkühlen lassen und im Kühlschrank aufbewahren. Lecker zu gebratenem Schweinefleisch und zum Beträufeln von Pürees. Haltbarkeit: mehrere Monate.

ZUBEREITUNG: 25 Min.
PRO PORTION (1 EL = 12 ml)
ca. 110 kcal, 0 g EW, 13 g F, 0 g KH

HIRSESALAT
AUF TÜRKISCHE ART

Mit diesem Rezept schicken Sie Ihren Darm in Urlaub, denn der Hirsesalat wird wie ein türkischer Kısır zubereitet. Sie können ihn als Vorspeise oder Beilage zu Fisch und Fleisch genießen – er schmeckt am besten, wenn er lange durchziehen konnte.

ZUTATEN FÜR 2 PERSONEN
125 g Hirse
Salz
200 g Salatgurke
2 Roma-Tomaten
2 Frühlingszwiebeln
1/2 Bund Petersilie
einige Stiele Minze
1 unbehandelte Orange
2 EL Knoblauchöl
(siehe Seite 108)
1 EL Tomatenmark
Pul biber
(scharfe Paprikaflocken, ohne Geschmacksverstärker und andere Aromen)
Zitronensaft
Pfeffer aus der Mühle
10 schwarze Oliven
(trocken eingelegt)

ZUBEREITUNG: 30 Min.
ZIEHEN: einige Stunden
(oder über Nacht)
PRO PORTION ca. 460 kcal,
10 g EW, 18 g F, 58 g KH

1 Die Hirse in einem Sieb unter fließendem heißem Wasser gründlich waschen. In einem Topf mit 1/4 l Salzwasser zugedeckt aufkochen und etwa 5 Minuten kochen lassen, dann die Hirse vom Herd nehmen und zugedeckt 10 Minuten ausquellen lassen.

2 Inzwischen die Gurke waschen und in kleine Würfel schneiden. Die Tomaten waschen und ebenfalls in kleine Würfel schneiden, dabei die Stielansätze und Kerne entfernen. Die Frühlingszwiebeln putzen, waschen und den dunklen Teil in dünne Ringe schneiden (den hellen Teil nicht verwenden). Petersilie und Minze waschen und trocken schütteln, die Blätter abzupfen und fein hacken. Gurke, Tomaten, Frühlingszwiebelgrün und Kräuter in einer Schüssel mischen.

3 Die Orange heiß waschen und trocken reiben, etwas Schale fein abreiben und eine Orangenhälfte auspressen (die andere Hälfte anderweitig verwenden). Orangensaft und -schale mit Knoblauchöl, Tomatenmark und Hirse zum Gemüse geben und alles gut mischen.

4 Den Hirsesalat mit Pul biber, etwas Zitronensaft und Pfeffer würzen. Vor dem Servieren im Kühlschrank einige Stunden – am besten über Nacht – durchziehen lassen. Anschließend mit den Oliven servieren.

TIPP

Die Hirsemischung eignet sich auch gut als vegetarische Füllung für Paprikaschoten oder Zucchini. Dann den Zitronensaft weglassen und den Hirsesalat stattdessen mit 100 g gewürfeltem Schafskäse abschmecken. Das gefüllte Gemüse in eine ofenfeste Form geben und im auf 200 °C vorgeheizten Ofen auf der mittleren Schiene gut 30 Minuten garen.

RADIESCHENROHKOST MIT ENDIVIE UND KÄSE

ZUTATEN FÜR 2 PERSONEN
4 Eiswürfel
200 g Radieschen
250 g Endiviensalat
Salz
2 EL kalt gepresstes Rapsöl
2 EL Schmand
Pfeffer aus der Mühle
100 g Gruyère (am Stück)

ZUBEREITUNG: 30 Min.
PRO PORTION ca. 390 kcal,
18 g EW, 32 g F, 5 g KH

1 Die Eiswürfel in eine kleine Schüssel mit Wasser geben. Die Radieschen putzen und waschen, 2 große Radieschen zu Knospen schneiden: Dafür je zwei Mal längs und quer recht tief ein-, aber nicht komplett durchschneiden, sodass die Radieschenstücke unten gerade noch zusammenhängen. Die Radieschenknospen in das Eiswasser legen und bis zum Servieren beiseitestellen.

2 Die übrigen Radieschen in feine Scheiben schneiden. Den Endiviensalat putzen, waschen, trocken schleudern und in feine Streifen schneiden. In einer Schüssel mit den Radieschenscheiben mischen und mit Salz würzen. Danach alles gründlich mischen und Öl und Schmand unterrühren. Mit Pfeffer würzen.

3 Die Rohkost auf Schälchen verteilen. Den Gruyère grob reiben und jeweils darauf verteilen. Die Radieschenknospen aus dem Eiswasser nehmen, trocken tupfen und die Rohkost damit garnieren.

KARAMELLISIERTE STECKRÜBEN MIT FELDSALAT

ZUTATEN FÜR 2 PERSONEN
150 g Feldsalat
2 EL Weißweinessig
(oder Apfelessig mit Dill und Senf, siehe Seite 51)
Salz, Pfeffer aus der Mühle
1 EL Zucker
2 EL Öl
250 g Steckrübe
1 EL Butterschmalz
gemahlene Kurkuma
4 EL Croûtons (siehe Tipp)
6 Walnusshälften

ZUBEREITUNG: 25 Min.
PRO PORTION ca. 420 kcal, 5 g EW, 31 g F, 26 g KH

1 Den Feldsalat verlesen, waschen und trocken schleudern. Für die Vinaigrette den Essig mit Salz, Pfeffer und 1 Prise Zucker verrühren und das Öl unterschlagen.

2 Die Steckrübe schälen, in etwa ½ cm große Würfel schneiden und in wenig Salzwasser 5 Minuten garen. In ein Sieb abgießen und abtropfen lassen. Inzwischen den Zucker in einem kleinen Topf schmelzen und hell karamellisieren lassen. Den Topf vom Herd nehmen, Butterschmalz und 1 Prise Kurkuma unterrühren und die Steckrüben darin schwenken.

3 Den Feldsalat auf Teller verteilen und mit der Vinaigrette beträufeln. Die Steckrübenwürfel auf den Salat setzen und mit Croûtons und Walnusshälften garnieren. Dazu passt Naan-Brot (siehe Seite 96).

TIPP

Es gibt sogar glutenfreie Croûtons fertig zu kaufen (z.B. von Schär oder Werz). Sie können die knusprigen Brotstücke aber auch selbst herstellen, beispielsweise aus dem Kartoffelbrot von Seite 36: Dafür 2 Scheiben Kartoffelbrot in kleine Würfel schneiden und in einer Pfanne in Öl (nach Belieben auch im Knoblauchöl von Seite 108) kross braten.

KOHLRABI-KARTOFFEL-SUPPE
MIT RÄUCHERLACHS

Der Clou an diesem Rezept ist das selbst gemachte Schnittlauchöl. Die grünen Halme werden dafür zuerst sanft in Öl gedünstet und dann fein püriert – darm-optimal! Das Öl eignet sich auch für Salatsaucen oder Kartoffel- und Gemüsepürees.

ZUTATEN FÜR 2 PERSONEN
FÜR DAS SCHNITTLAUCHÖL:
1 Bund Schnittlauch
50 ml Olivenöl
Salz
FÜR DIE SUPPE:
200 g mehligkochende Kartoffeln
1 kleiner Kohlrabi (ca. 200 g)
2 EL Öl
350 ml Gemüsebrühe
(ohne Zwiebeln, siehe Tipp)
50 g geräucherter Lachs
(in dünnen Scheiben)
50 g Sahne
Salz, Pfeffer aus der Mühle
1/2 Beet Gartenkresse

ZUBEREITUNG: 30 Min.
ZIEHEN: 1 Std.
PRO PORTION ca. 410 kcal,
10 g EW, 32 g F, 17 g KH

1 Für das Schnittlauchöl den Schnittlauch waschen und trocken schütteln. 3 EL Öl in einem kleinen Topf erhitzen und den Schnittlauch mit der Schere in groben Stücken hineinschneiden. Den Schnittlauch unter Rühren bei schwacher Hitze kurz dünsten, dann alles in einem hohen Rührbecher mit dem Stabmixer fein pürieren. Dabei das restliche Öl dazugießen. Das Schnittlauchöl leicht mit Salz würzen und etwa 1 Stunde ziehen lassen.

2 Inzwischen für die Suppe die Kartoffeln und den Kohlrabi schälen und in kleine Würfel schneiden. Das Öl in einem Topf erhitzen und Kartoffeln und Kohlrabi darin kurz farblos andünsten. Mit der Brühe ablöschen und zugedeckt bei schwacher Hitze etwa 15 Minuten garen.

3 Währenddessen den Räucherlachs in dünne Streifen schneiden. Etwa 2 EL Gemüsewürfel aus der Suppe nehmen und beiseitelegen. Die Sahne in die Suppe geben und alles mit dem Stabmixer fein pürieren. Die Suppe mit Salz, Pfeffer und wenig Schnittlauchöl würzen.

4 Die Suppe in tiefen Tellern anrichten und die beiseitegelegten Gemüsewürfel sowie den Räucherlachs daraufgeben. Zum Servieren jeweils wenig Schnittlauchöl darüberträufeln (übriges Schnittlauchöl anderweitig verwenden, es hält sich im Kühlschrank mehrere Tage). Die Kresse vom Beet schneiden, waschen, trocken tupfen und über die Kohlrabi-Kartoffel-Suppe streuen.

TIPP

Fertige Gemüsebrühen enthalten zur Geschmacksverbesserung häufig Zwiebeln. Bio-Produkte sind zwar in der Regel frei von belastenden Stoffen wie Glutamat, aber nicht unbedingt frei von Zwiebeln. Wer diese meiden möchte, dem bleibt nichts anderes übrig, als unterschiedliche Produkte in jeweils verschiedenen Mengen auszuprobieren. Welche Produkte Sie von vornherein ausschließen, liegt an Ihrer persönlichen Verträglichkeit: Bei Zöliakie-Betroffenen ist totale Glutenfreiheit wichtig. Wer Glutamat nicht verträgt, streicht den Geschmacksverstärker komplett vom Speisezettel.

MÖHREN-SÜSSKARTOFFEL-SUPPE MIT MINZCROÛTONS

Möhrensuppen sind samtige Bauchschmeichler, keine Frage! Wer sie bislang zu langweilig fand, kann hier eine echte Überraschung erleben: Eine Prise Lebkuchengewürz, ein paar Minzcroûtons – und schon löffelt man sich in den Orient!

ZUTATEN FÜR 2 PERSONEN
FÜR DIE SUPPE:
300 g Möhren
120 g Süßkartoffel
1 Zwiebel
2 EL Olivenöl
Lebkuchengewürz (siehe Tipp)
½ l Milch
Salz
Cayennepfeffer
FÜR DIE CROÛTONS:
2 Scheiben Toastbrot
2 EL gehackte Minze (ersatzweise Petersilie)
20 g weiche Butter
Salz

ZUBEREITUNG: 35 Min.
PRO PORTION ca. 540 kcal, 12 g EW, 26 g F, 48 g KH

1 Für die Suppe die Möhren putzen und schälen, die Süßkartoffel schälen und waschen, dann beides in grobe Würfel schneiden. Die Zwiebel schälen und in nicht zu dünne Ringe schneiden. Das Öl in einem Topf erhitzen. Die Zwiebelringe darin hell andünsten und dann mit einer Gabel aus dem Topf entfernen.

2 Die Möhren- und Süßkartoffelwürfel mit 1 Prise Lebkuchengewürz im Zwiebelöl farblos andünsten. Die Milch dazugießen und alles bei schwacher bis mittlerer Hitze etwa 15 Minuten köcheln lassen, bis die Gemüsewürfel weich sind.

3 Inzwischen für die Croûtons die Toastscheiben entrinden und in kleine Würfel schneiden. Die Minze unter die weiche Butter rühren und die Kräuterbutter leicht mit Salz würzen. Die Kräuterbutter in einer Pfanne zerlassen und die Brotwürfel darin bei schwacher Hitze unter Wenden etwa 5 Minuten knusprig rösten. Die Croûtons herausnehmen und beiseitestellen.

4 Die Suppe mit dem Stabmixer fein pürieren, danach mit Salz und Cayennepfeffer würzen. Die Suppe auf tiefe Teller verteilen und mit den Croûtons bestreut servieren.

TIPP

Aus welchen Einzelgewürzen ein Lebkuchengewürz besteht, variiert von Hersteller zu Hersteller. Wichtig ist, dass die Suppe mit einer wärmenden Gewürzmischung verfeinert wird – das können auch Currymischungen, Glühwein- oder Spekulatiusgewürz sein. Alternativ können Sie auch ganze Gewürze in einem Einwegteebeutel verpackt mitgaren – diesen dann vor dem Pürieren wieder entfernen.

KÜRBISCREMESUPPE MIT GEWÜRZCOCKTAIL

Könnte der Darm entscheiden, würde es bestimmt öfter Kürbis geben, denn er ist besonders bauchschonend. Neben Hokkaido eignen sich auch Butternuss- und Muskatkürbis für die Suppe – allerdings müssen diese dann geschält werden.

ZUTATEN FÜR 2 PERSONEN
FÜR DAS GEWÜRZSÄCKCHEN:
2 Stiele Petersilie
2 Blätter Liebstöckel oder Selleriegrün
1 kleine Chilischote
1 kleines Lorbeerblatt
4 Pimentkörner
1 kleine geschälte Knoblauchzehe
FÜR DIE SUPPE:
1 walnussgroßes Stück Ingwer
200 g Hokkaido-Kürbisfleisch
1 EL Öl
1 TL Zucker
Salz, Pfeffer aus der Mühle
2 EL Zitronensaft
20 g kalte Butter
4 EL Sahne
einige Petersilienblätter zum Garnieren

ZUBEREITUNG: 45 Min.
PRO PORTION ca. 290 kcal, 2 g EW, 27 g F, 9 g KH

1 Für das Gewürzsäckchen Petersilie, Liebstöckel und Chili im Ganzen waschen und trocken tupfen. Mit den übrigen Zutaten in einen Einwegteebeutel geben, dabei die Kräuter eventuell etwas zerkleinern. Den Beutel mit Küchengarn verschließen.

2 Für die Suppe den Ingwer schälen und sehr fein hacken. Den Kürbis waschen und in dünne Scheiben schneiden. Das Öl in einem Topf erhitzen und Ingwer und Kürbis darin einige Minuten unter Wenden andünsten. Den Zucker über den Kürbis streuen, alles weiterdünsten und dabei den Zucker leicht karamellisieren lassen. Sobald sich der Zucker bräunlich verfärbt, 400 ml Wasser und das Gewürzsäckchen hinzufügen.

3 Die Suppe zugedeckt bei schwacher Hitze etwa 20 Minuten köcheln lassen. Sobald die Kürbisstücke weich sind, das Gewürzsäckchen wieder entfernen und die Suppe mit dem Stabmixer fein pürieren. Die Kürbissuppe mit Salz, Pfeffer und Zitronensaft würzen.

4 Die Butter in Flocken hinzufügen und die Kürbissuppe mit dem Stabmixer nochmals aufschäumen. Auf tiefe Teller verteilen und jeweils mit 2 EL Sahne beträufeln. Mit Petersilienblättern garniert servieren.

TIPP

Wem die Mischung für das Gewürzsäckchen zu aufwendig ist, der kann die Suppe statt mit Wasser mit Hühnerbrühe (aus gekörnter Brühe hergestellt) aufgießen. Fleischbrühen enthalten im Gegensatz zu gekörnter Gemüsebrühe nur sehr wenig Zwiebeln (trotzdem Zutatenliste beachten). In diesem Fall die Suppe nach Belieben noch mit Cayennepfeffer schärfen.

ESSKASTANIENSUPPE MIT PUTENBRUST

In der kalten Jahreszeit wärmt diese sämige Suppe Magen und Seele – dafür sorgen allein schon Gewürze wie Muskatnuss und Zimt. Die Zubereitung ist supereinfach, man muss der Suppe nur etwas Zeit zum Köcheln geben.

ZUTATEN FÜR 2 PERSONEN
1 mehligkochende Kartoffel
150 g geräucherte Putenbrust (am Stück, siehe Tipp)
1 Knoblauchzehe
3 Zweige Thymian
3 EL Öl
200 g vorgegarte Esskastanien (vakuumverpackt)
300–400 ml Hühnerbrühe
Zimtpulver
frisch geriebene Muskatnuss
Salz, Pfeffer aus der Mühle
geröstetes Sesamöl zum Beträufeln

ZUBEREITUNG: 1 Std.
PRO PORTION ca. 550 kcal,
23 g EW, 25 g F, 54 g KH

1 Die Kartoffel schälen und in kleine Würfel schneiden. Zwei Drittel der Putenbrust ebenfalls in Würfel schneiden. Den Knoblauch schälen. Den Thymian waschen und trocken schütteln, 1 Zweig beiseitelegen, von den übrigen Zweigen die Blätter abzupfen und fein hacken.

2 In einem Topf 2 EL Öl erhitzen und Kartoffel, Putenbrustwürfel, Knoblauch, Esskastanien und Thymianzweig darin unter Wenden etwa 5 Minuten andünsten. Den Knoblauch wieder entfernen. 300 ml Brühe dazugießen und alles zugedeckt bei schwacher Hitze etwa 40 Minuten sanft köcheln lassen.

3 Inzwischen die übrige Putenbrust in Würfel oder feine Streifen schneiden. Das restliche Öl in einer Pfanne erhitzen und die Putenwürfel darin kross anbraten. Vom Herd nehmen und warm halten.

4 Den Thymianzweig wieder entfernen und die Kastaniensuppe mit dem Stabmixer fein pürieren. Bei Bedarf noch etwas Brühe dazugießen. Die Suppe mit Zimt, Muskatnuss, Salz und Pfeffer würzen, auf tiefe Teller verteilen und die gebratenen Putenwürfel darüberstreuen. Zum Servieren mit dem gehackten Thymian garnieren und mit einigen Tropfen Sesamöl beträufeln.

TIPP
Geräucherte Putenbrust bekommen Sie unter anderem über Versandmetzgereien im Onlinehandel. Vorgegarte Esskastanien gibt es im Herbst und Winter vakuumverpackt in der Gemüseabteilung großer Supermärkte.

SCHOLLENRÖLLCHEN MIT ZWEIERLEI RUCOLA

Hier gibt würziger Rucola alles, um edlen Fischfilets zu gefallen: als cremiges Püree für die Füllung und als frischer Salat auf dem Teller. Wer es deftig mag, richtet den Rucolasalat zusätzlich mit ein paar kross gebratenen Speckstreifen an.

ZUTATEN FÜR 4 PERSONEN (ALS VORSPEISE)
3 mehligkochende Kartoffeln
Salz
125 g Rucola
2 EL Butterschmalz
3 EL helle Sesamsamen oder Mandelblättchen
6 gelbe Cocktailtomaten
etwas Milch
Pfeffer aus der Mühle
3–4 EL Zitronensaft
2 Schollenfilets (küchenfertig, à ca. 150 g)
Zucker
2–3 EL Öl

ZUBEREITUNG: 1 Std.
GAREN: 15–20 Min.
PRO PORTION ca. 350 kcal, 17 g EW, 25 g F, 14 g KH

1 Die Kartoffeln in der Schale gründlich waschen und in Salzwasser 20 Minuten weich garen. Inzwischen den Rucola verlesen, putzen, waschen und trocken schleudern, dabei grobe Stiele entfernen. Die Hälfte der Rucolablätter in einen hohen Rührbecher geben, den Rest beiseitelegen. Das Butterschmalz erhitzen, zum Rucola in den Rührbecher geben und alles mit dem Stabmixer fein pürieren.

2 Den Backofen auf 180 °C vorheizen. Die Sesamsamen oder Mandelblättchen in einer beschichteten Pfanne ohne Fett unter Rühren leicht rösten, herausnehmen und auf einem Teller abkühlen lassen. Die Tomaten waschen und halbieren.

3 Die Kartoffeln abgießen, ausdampfen lassen und möglichst heiß pellen. In einem Topf mit etwas Milch zerstampfen und das Butterschmalz untermischen. Das Püree mit Salz, Pfeffer und 1 bis 2 EL Zitronensaft würzen.

4 Die Schollenfilets waschen und trocken tupfen, jeweils längs halbieren und leicht mit Salz und Pfeffer würzen. Jeden Fischfiletstreifen mit einem Viertel des Kartoffel-Rucola-Pürees bestreichen, locker aufrollen und mit Rouladen- oder Holzspießen fixieren. Die Fischröllchen nebeneinander in eine kleine Auflaufform setzen und die Tomaten dazulegen. Im Ofen auf der mittleren Schiene 15 bis 20 Minuten garen.

5 Inzwischen den beiseitegelegten Rucola auf Tellern anrichten. Aus dem übrigen Zitronensaft, Salz, Pfeffer, 1 Prise Zucker und dem Öl ein Dressing rühren und über die Rucolablätter träufeln. Die Röllchen aus dem Ofen nehmen, mit den Tomaten auf dem Rucolasalat anrichten und mit Sesam oder Mandelblättchen bestreut servieren.

WOHLFÜHL-SMOOTHIES

Darmverträgliches Obst und Gemüse mit viel Grünzeug fein püriert – diese veganen Power-Shakes lässt man sich zwischendurch gerne schmecken! Wer mag, trinkt die Vitaminbomben bereits zum Frühstück: so smooth und sooo lecker!

PAK-CHOI-SMOOTHIE MIT KORIANDER

Für 2 Personen **1 Mini-Pak-Choi** in Blätter teilen, putzen und waschen, in grobe Stücke schneiden und in einen hohen Rührbecher geben. **¼ Salatgurke** waschen und in dicke Scheiben schneiden. **1 Saftorange** mit einem scharfen Messer so großzügig schälen, dass auch die weiße Haut mit entfernt wird. Die Orange vierteln und mit der Gurke hinzufügen. **Je 1 Handvoll Koriander- und Petersilienblätter** waschen, trocken schütteln und ebenfalls dazugeben. 300 ml Wasser dazugießen und alles mit dem Stabmixer fein pürieren. Den Smoothie nach Belieben mit etwas Puderzucker und 1 Spritzer Zitronensaft abschmecken und sofort servieren.

ZUBEREITUNG: 15 Min.
PRO PORTION ca. 60 kcal,
3 g EW, 0 g F, 8 g KH

MELONEN-SMOOTHIE
MIT SPINAT

Für 2 Personen **2 Handvoll Babyspinat** verlesen, waschen und trocken schleudern. **½ Salatgurke** waschen, **¼ Cantaloupe-Melone** schälen, beides in grobe Stücke schneiden. **8–10 Minzeblätter** waschen und trocken schütteln. Alle Zutaten in einen hohen Rührbecher mit Milliliter-Einteilung geben. Mit Wasser auf 450 ml auffüllen und alles mit dem Stabmixer fein pürieren. Den Smoothie nach Belieben mit etwas Ahornsirup abschmecken und sofort servieren.

ZUBEREITUNG: 15 Min.
PRO PORTION ca. 90 kcal,
3 g EW, 0 g F, 17 g KH

GRÜNER SMOOTHIE
MIT FELDSALAT UND KIWI

Für 2 Personen **2 reife Mini-Bananen** schälen, in grobe Stücke schneiden und mit **400 ml Haferdrink natur** in einen hohen Rührbecher geben. **1 reife gelbe Kiwi** (ersatzweise 1 grüne Kiwi) schälen und in grobe Stücke schneiden. **4 Handvoll Feldsalat** verlesen, waschen und trocken schleudern. Kiwi und Feldsalat ebenfalls in den Rührbecher geben und alles mit dem Stabmixer fein pürieren. Den Smoothie sofort servieren.

ZUBEREITUNG: 15 Min.
PRO PORTION ca. 180 kcal,
2 g EW, 3 g F, 31 g KH

HAUPTGERICHTE

Auch empfindliche Mägen haben mal großen Hunger. Dann freuen sie sich, wenn es **BAUCHSCHMEICHLER**-Rezepte **ZUM SATTESSEN** gibt: Wie wäre es mit bunten Gemüseaufläufen, vegetarischen Schnitzeln oder kräuterverwöhntem Fisch und Fleisch? **AUSSERDEM:** Pastasaucen für die Blitzküche.

KRÄUTERKROKETTEN
MIT SOMMERSALAT

Goldbraun gebacken und mit Kräutern gewürzt: Wenn Kartoffeln so knusprig daherkommen, kann ihnen keiner widerstehen. Das erfrischende Kontrastprogramm dazu bietet ein leichter Salat, den man mit ein paar Mozzarellakugeln aufpeppen kann.

ZUTATEN FÜR 2 PERSONEN
FÜR DIE KROKETTEN:
500 g mehligkochende Kartoffeln
Salz
2 Eigelb
4 EL tiefgekühlte gemischte Kräuter (ohne Zwiebeln)
Pfeffer aus der Mühle
ca. 1 EL Speisestärke
Paniermehl zum Wenden
Fett zum Frittieren
FÜR DEN SALAT:
1 Romana-Salatherz
1 Handvoll Rucola
2 Tomaten
1–2 EL Weißweinessig (oder Rotweinessig mit Mittelmeeraromen, siehe Seite 50)
Salz, Pfeffer aus der Mühle
Zucker
2 EL Oliven- oder Rapsöl
einige Basilikumblätter

ZUBEREITUNG: 45 Min.
PRO PORTION ca. 560 kcal, 10 g EW, 34 g F, 51 g KH

1 Für die Kroketten die Kartoffeln in der Schale gründlich waschen und in Salzwasser 25 Minuten weich garen.

2 Inzwischen für den Salat das Romana-Salatherz zerteilen und die Blätter putzen. Den Rucola putzen und verlesen, dabei grobe Stiele entfernen. Beide Salatsorten waschen und trocken schleudern. Die Tomaten waschen und achteln, dabei die Stielansätze und Kerne entfernen. Essig, Salz, Pfeffer, 1 Prise Zucker und das Öl zu einer Vinaigrette verrühren. Basilikum waschen, trocken schütteln und nach Belieben in Streifen schneiden. Die vorbereiteten Salatzutaten auf Schälchen verteilen.

3 Für die Kroketten die Kartoffeln abgießen, kurz ausdampfen lassen und noch warm pellen. Dann durch die Kartoffelpresse in eine Schüssel drücken, mit Eigelben und Kräutern mischen und mit Salz und Pfeffer würzen. Die Kartoffelmasse soll so fest sein, dass sie formbar ist (falls sie zu weich ist, etwas Speisestärke hinzufügen).

4 Etwas Paniermehl in einen tiefen Teller geben. Mit einem Esslöffel kleine Portionen von der Kartoffelmasse abnehmen und mit angefeuchteten Händen zu dicken Rollen formen. Die Kroketten eventuell abkühlen lassen und im Paniermehl wenden.

5 Das Frittierfett in einem Topf oder einer Fritteuse auf 170 °C erhitzen (siehe Tipp) und die Kroketten darin portionsweise goldgelb frittieren. Mit einem Schaumlöffel herausheben und kurz auf Küchenpapier abtropfen lassen. Zum Servieren den Salat mit der Vinaigrette beträufeln.

TIPP

Wer kein Frittierthermometer beziehungsweise keine elektrische Fritteuse besitzt, kontrolliert die Temperatur einfach mit einem Holzkochlöffelstiel oder Holzspieß. Halten Sie den Löffelstiel oder den Spieß ins heiße Fett: Steigen daran kleine Bläschen auf, hat das Fett die richtige Temperatur.

POLENTANOCKEN
MIT AUBERGINEN

Hier gibt Käse den Ton an – sowohl in der würzigen Kruste auf den Auberginen als auch in den Nocken. Da lang gereifter Hartkäse praktisch laktosefrei ist, steht auch für Laktose-Sensible die Ampel auf Grün: einfach zugreifen und genießen!

ZUTATEN FÜR 2 PERSONEN
FÜR DIE AUBERGINEN:
500 g Auberginen
Salz, Pfeffer aus der Mühle
2–3 EL Knoblauchöl zum Bestreichen (siehe Seite 108)
100 g Crème fraîche
50 g geriebener ital. Hartkäse (z. B. Pecorino)
gehackte Petersilie zum Bestreuen
Fett für das Blech
FÜR DIE NOCKEN:
75 g Polenta (Maisgrieß)
25 g geriebener ital. Hartkäse (z. B. Pecorino)
1 EL Butter
Salz
Öl zum Braten

ZUBEREITUNG: 50 Min.
GAREN: 35–45 Min.
PRO PORTION ca. 760 kcal, 22 g EW, 58 g F, 17 g KH

1 Für die Auberginen den Backofen auf 200 °C vorheizen. Ein Backblech einfetten. Die Auberginen putzen, waschen und quer in etwa 1 cm dicke Scheiben schneiden. Die Scheiben auf beiden Seiten mit Salz und Pfeffer würzen und nebeneinander auf das Blech legen. Mit dem Knoblauchöl bestreichen und im Ofen auf der mittleren Schiene 30 bis 35 Minuten garen. Herausnehmen und warm halten, den Ofen nicht ausschalten.

2 Inzwischen für die Nocken 300 ml Wasser in einem Topf aufkochen und den Maisgrieß mit dem Schneebesen einrühren. Unter Rühren einmal aufkochen, dann die Polenta bei schwacher Hitze unter Rühren mindestens 10 Minuten weitergaren, bis sie zu einem dicken Brei gekocht ist, der sich vom Topfrand löst.

3 Den Topf auf der ausgeschalteten Herdplatte stehen lassen. Den Käse und die Butter unterrühren und mit Salz würzen. Die Polenta zugedeckt 10 Minuten ausquellen lassen. Dann mit zwei Esslöffeln aus der Masse Klößchen abstechen und auf einen flachen Teller setzen.

4 Den Backofengrill vorheizen. Die Crème fraîche mit dem Käse verrühren und auf den Auberginen verteilen. Die Auberginen unter dem Grill noch 5 bis 10 Minuten goldbraun überbacken. Inzwischen die Polentanocken in einer Pfanne in wenig Öl goldbraun anbraten. Die Auberginen aus dem Ofen nehmen und mit den Nocken auf Tellern anrichten. Mit Petersilie bestreut servieren.

TIPP

Abwechslung gefällig? Dann verzichten Sie doch einfach mal auf die Käsekruste und garen Sie die Auberginen stattdessen auf einem Tomatenbett. Dafür 400 g gehackte Tomaten aus der Dose mit Kräutern oder Chili sowie Salz und Pfeffer würzen und in eine Auflaufform geben. Die vorgebackenen Auberginen daraufsetzen und im Ofen wie beschrieben fertig garen.

SELLERIESCHNITZEL MIT KARTOFFELN UND DIP

Gemüse ist mein Schnitzel – und bei diesem würzigen Veggie-Klassiker wird garantiert niemand Fleisch vermissen. Das Geheimnis: Mandelmehl, Parmesan und Paniermehl sorgen für eine krosse goldgelbe Knusperhülle.

ZUTATEN FÜR 2 PERSONEN
100 g Crème fraîche
200 g Magerquark (10 % Fett)
1/2 Päckchen tiefgekühlte gemischte Kräuter (ohne Zwiebeln oder 8-Kräuter-Mischung)
1 EL Knoblauchöl (siehe Seite 108)
1 EL Weißweinessig
Salz, Pfeffer aus der Mühle
1 kleine Sellerieknolle (ca. 450 g)
8 kleine neue Kartoffeln
3–4 EL fein gemahlene geschälte Mandeln (Mandelmehl)
1 Ei
30 g geriebener Parmesan
30 g Paniermehl
Butterschmalz zum Ausbacken

ZUBEREITUNG: 45 Min.
PRO PORTION ca. 860 kcal,
34 g EW, 53 g F, 56 g KH

1 Für den Dip Crème fraîche, Quark, Kräuter und Knoblauchöl gut verrühren. Die Creme mit Essig sowie Salz und Pfeffer würzen. Nach Belieben noch etwas Essig und 1 Prise Zucker hinzufügen, um den Geschmack zu intensivieren.

2 In einem großen Topf 1 l Salzwasser aufkochen. Den Sellerie schälen und in etwa 1/2 cm dicke Scheiben schneiden, diese nach Belieben nochmals halbieren. Im kochenden Salzwasser etwa 5 Minuten bissfest garen, mit dem Schaumlöffel herausheben und auf einem Küchentuch abtropfen lassen. Das Kochwasser beiseitestellen.

3 Inzwischen die Kartoffeln in der Schale waschen. Das Selleriekochwasser wieder aufkochen und die Kartoffeln darin etwa 20 Minuten bissfest garen. Dann abgießen und kurz ausdampfen lassen.

4 Währenddessen die Sellerieescheiben vollständig trocken tupfen und leicht mit Salz und Pfeffer würzen. Auf drei tiefen Tellern die Mandeln, das verquirlte Ei und den Parmesan mit Paniermehl gemischt verteilen.

5 In einer großen Pfanne 2 EL Butterschmalz erhitzen. Die Selleriescheiben zuerst im Mandelmehl wenden, dann durch das Ei ziehen und zuletzt mit der Parmesanmischung panieren. Die Panade fest andrücken und die Scheiben im Butterschmalz bei mittlerer Hitze auf beiden Seiten goldbraun backen. Die Sellerieschnitzel mit den Kartoffeln in der Schale und dem Dip anrichten.

TIPP

Anstatt sie mit einem Kräuterdip zu servieren, können Sie die Selleriescheiben auch mit den Kräutern panieren: Dafür einfach das Mandelmehl durch die gehackten Kräuter ersetzen und die Selleriescheiben darin wenden. Statt des Dips dann puren Schmand dazu servieren. Auch lecker: Vorgegarte Kohlrabi- statt Selleriescheiben als Veggie-Schnitzel panieren.

REISKROKETTEN MIT KÄSEFÜLLUNG

Sommerliche Grüße aus Sizilien: Angelehnt an die beliebten „Arancini di riso" gibt es hier Kroketten aus Risottoreis mit sanft schmelzendem Mozzarellakern. Dazu einen knackig-erfrischenden Salat: Mamma mia, ist das lecker!

ZUTATEN FÜR 2 PERSONEN
FÜR DIE KROKETTEN:
1 EL Olivenöl
125 g Risottoreis
100 ml trockener Weißwein
300 ml Gemüsebrühe
(ohne Zwiebeln)
2 EL geriebener Parmesan
Mehl zum Wenden
1 Ei
Salz
Paniermehl
1/2 Kugel Mozzarella (ca. 60 g)
Fett zum Frittieren
FÜR DEN SALAT:
1 kleiner Kopfsalat
2 EL Olivenöl
1 EL Zitronensaft
1–2 EL Sahne
1/2 TL scharfer Senf
Salz, Pfeffer aus der Mühle
Zucker
2 EL Schnittlauchröllchen

ZUBEREITUNG: 45 Min.
PRO PORTION ca. 850 kcal,
20 g EW, 51 g F, 66 g KH

1 Für die Kroketten das Öl in einem Topf erhitzen und den Reis darin unter Rühren andünsten. Den Wein dazugießen und unter Rühren fast vollständig einkochen lassen. Dann so viel Brühe dazugießen, dass der Reis gerade bedeckt ist. Alles aufkochen und den Risotto bei schwacher Hitze etwa 20 Minuten köcheln lassen. Dabei immer wieder umrühren und etwas Brühe nachgießen, damit der Reis nicht anbrennt. Der Reis soll am Ende der Garzeit einen bissfesten Kern haben und die Risottomasse soll sehr dicklich sein. Vom Herd nehmen und den Parmesan unterrühren. Den Risotto auf der sauberen Arbeitsplatte etwa 1 cm dick ausstreichen und abkühlen lassen.

2 Inzwischen für den Salat den Kopfsalat putzen, waschen und trocken schleudern, die Blätter in mundgerechte Stücke zerpflücken. Aus den übrigen Zutaten ein Dressing rühren.

3 Etwas Mehl, das verquirlte und leicht gesalzene Ei und das Paniermehl jeweils auf einen tiefen Teller geben. Den Mozzarella in 8 Stücke schneiden. Den Reis in 8 Portionen teilen und mit angefeuchteten Händen jeweils 1 Portion Reis um 1 Mozzarellastück zu einer ovalen Krokette formen, dabei die Reismasse fest zusammendrücken.

4 Das Frittierfett in einem Topf oder in einer Fritteuse auf 170 °C erhitzen (siehe Tipp Seite 68). Die Kroketten zuerst im Mehl wenden, dann durch das verquirlte Ei ziehen und zuletzt im Paniermehl wenden, dabei die Panade fest andrücken. Die Reiskroketten im Öl 3 bis 4 Minuten goldbraun frittieren. Mit einem Schaumlöffel aus dem Fett heben und auf Küchenpapier abtropfen lassen. Den Salat mit dem Dressing gründlich mischen und zu den Kroketten servieren.

TIPP

Die ovalen Knusperstücke schmecken nicht nur zu Salat, sondern auch zu gegartem Gemüse. Ohne die Käsefüllung sind die Kroketten eine prima Beilage zu Fleisch- und Fischgerichten mit Sauce.

AMARANT-KÜCHLEIN MIT KRÄUTERQUARK

Diese Küchlein sind echte Allrounder: Sie schmecken nicht nur mit Quark, sondern auch zu (Rahm-)Spinat oder gebratenem Chinakohl. Im Sommer können Sie sie einfach mit einem gemischten Blattsalat mit reichlich frischen Kräutern servieren.

ZUTATEN FÜR 2 PERSONEN
FÜR DIE KÜCHLEIN:
125 g Amarant (siehe Tipp)
Salz
1 gestr. TL Currypulver
10 Haselnusskerne
1 Ei
3 EL Paniermehl
50 g geriebener Hartkäse (z. B. Manchego)
Pfeffer aus der Mühle
Öl zum Braten
FÜR DEN QUARK:
1 kleines Bund Petersilie
5 Stiele Minze
300 g Magerquark (10 % Fett)
Salz, Pfeffer aus der Mühle

ZUBEREITUNG: 1 Std.
PRO PORTION ca. 700 kcal,
41 g EW, 31 g F, 62 g KH

1 Für die Küchlein den Amarant mit 350 ml Wasser sowie etwas Salz und dem Currypulver in einem Topf aufkochen und zugedeckt bei schwacher Hitze 30 Minuten sanft köcheln lassen. Dann auf einem großen Teller verstreichen, ausdampfen und lauwarm abkühlen lassen.

2 Inzwischen die Haselnüsse grob hacken und in einer beschichteten Pfanne ohne Fett unter Rühren leicht rösten, bis sie duften. Dann sofort im Mörser fein zermahlen (das geht auch in einer elektrischen Nussmühle beziehungsweise im Blitzhacker).

3 Für den Quark die Kräuter waschen und trocken schütteln, die Blätter abzupfen und fein hacken. Anschließend den Quark mit den Kräutern gründlich verrühren, mit Salz und Pfeffer würzen.

4 Den abgekühlten Amarant mit Ei, Paniermehl, gemahlenen Haselnüssen und Käse mischen und mit Pfeffer würzen. Es soll eine portionierbare Masse entstehen, bei Bedarf noch mehr Paniermehl hinzufügen. Aus der Amarant-Masse mit angefeuchteten Händen kleine Küchlein formen. Falls die Masse sehr weich ist, mit zwei Löffeln Nocken abstechen und in die Pfanne setzen.

5 In einer Pfanne 2 EL Öl erhitzen und die Amarant-Küchlein darin bei mittlerer Hitze auf beiden Seiten goldbraun braten. Aus der Pfanne nehmen und sofort mit dem Kräuterquark servieren.

TIPP

Wie Quinoa zählt Amarant zu den Fuchsschwanzgewächsen und ist somit keine Getreidesorte. Da die kleinen Amarant-Körner zwar viel Stärke, aber kein Gluten enthalten, haben sie mit ihrem leicht nussigen Geschmack längst die glutenfreie Küche erobert.

KARTOFFELAUFLAUF MIT BUNTEM GEMÜSE

ZUTATEN FÜR 2 PERSONEN
250 g festkochende Kartoffeln
Salz
150–200 g grüne Bohnen
1 rote Paprikaschote
je 1 gelber und grüner Zucchino (à ca. 100 g)
200 g laktosefreie Sahne
1 Ei
1 EL Tomatenmark
1 TL getrocknete Kräuter der Provence
30 g geriebener Parmesan
Pfeffer aus der Mühle
Fett für die Form

ZUBEREITUNG: 1 Std.
GAREN: 30 Min.
PRO PORTION ca. 400 kcal, 17 g EW, 23 g F, 28 g KH

1 Den Backofen auf 180 °C vorheizen. Die Kartoffeln in der Schale gründlich waschen und in Salzwasser 20 Minuten garen – sie dürfen noch etwas fest sein. Dann die Kartoffeln abgießen, ausdampfen lassen und möglichst heiß pellen.

2 Inzwischen die Bohnen putzen, waschen und in kochendem Salzwasser 2 Minuten blanchieren. In ein Sieb abgießen, kalt abschrecken und abtropfen lassen. Die Paprika längs halbieren, entkernen, waschen und in schmale Streifen schneiden. Die Zucchini putzen, waschen und in dünne Scheiben schneiden.

3 Die Kartoffeln in dicke Scheiben schneiden und mit dem vorbereiteten Gemüse in eine gefettete Auflaufform schichten. Die Sahne mit Ei, Tomatenmark, Kräutern und der Hälfte des Parmesans verquirlen und den Guss mit Salz und Pfeffer würzen. Über das Gemüse gießen und alles mit dem restlichen Parmesan bestreuen.

4 Den Auflauf im Ofen auf der mittleren Schiene etwa 30 Minuten garen. Dabei gegen Ende der Garzeit mit Alufolie abdecken, damit die Kruste nicht zu stark bräunt. Den Auflauf aus dem Ofen nehmen und vor dem Servieren kurz abkühlen lassen.

HIRSEAUFLAUF MIT MANGOLD

ZUTATEN FÜR 2–3 PERSONEN
2 EL Knoblauchöl
(siehe Seite 108, oder Olivenöl)
225 g Hirse
¼ l heiße Hühnerbrühe
200 g Blattmangold
Salz
1 Bund Petersilie
100 g gekochter Putenschinken
(in Scheiben)
2 Eier
100 g Schmand
frisch geriebene Muskatnuss
Pfeffer aus der Mühle
150 g Gorgonzola
(mild oder herzhaft, siehe Tipp)
Fett für die Form

ZUBEREITUNG: 1 Std.
GAREN: 20 Min.
PRO PORTION (bei 3 Personen)
ca. 730 kcal, 34 g EW,
39 g F, 55 g KH

1 Das Öl in einem Topf erhitzen, die Hirse hinzufügen und kurz mit dem Öl verrühren. Die Brühe dazugießen und aufkochen, die Hirse zugedeckt bei schwacher Hitze 15 Minuten garen.

2 Inzwischen den Mangold putzen, waschen und in kochendem Salzwasser 1 Minute blanchieren. In ein Sieb abgießen, kalt abschrecken und abtropfen lassen. Die Petersilie waschen und trocken schütteln, Blätter abzupfen und fein hacken. Den Schinken in Streifen schneiden.

3 Den Backofen auf 200 °C vorheizen. Die Auflaufform einfetten. Die Hirse in einer Schüssel mit Mangold, Petersilie und Schinken mischen. Die Eier trennen. Die Eigelbe mit dem Schmand verquirlen, mit Muskatnuss, Salz und Pfeffer würzen und unter die Hirsemasse mischen. Die Eiweiße mit 1 Prise Salz steif schlagen und den Eischnee vorsichtig unter die Hirsemasse heben.

4 Die Masse in der Form verteilen und den Gorgonzola darüberzupfen. Den Auflauf im Ofen auf der mittleren Schiene etwa 20 Minuten garen. Herausnehmen und vor dem Servieren kurz abkühlen lassen.

TIPP
Gorgonzola gehört zu den besonders laktosearmen Käsesorten, denn die Edelschimmelkulturen zerstören während der Käsereifung die Laktose.

HIRSEPFANNKUCHEN
MIT SPINATFÜLLUNG

Hirse ist einer der Shootingstars auf dem Parkett der Weizen-Alternativen! Die kleinen Körner sind glutenfrei und strotzen vor Nährstoffen wie Silizium und Eisen. Mit ihrem nussigen Aroma ist Hirse ideal für Pfannkuchen oder Hirsotto.

ZUTATEN FÜR 2 PERSONEN
FÜR DIE PFANNKUCHEN:
¼ l Reisdrink natur
150 g Hirsemehl
2 Eier
Salz
Butterschmalz zum Backen
FÜR DIE FÜLLUNG:
500 g Blattspinat
(oder 750 g Winterspinat)
1 EL Knoblauchöl
(siehe Seite 108)
½ TL getrocknete ital. Kräuter
100 g Ziegenfrischkäse
(bei Bedarf laktosefrei)
Salz, Pfeffer aus der Mühle
frische Sprossen (siehe Tipp)

ZUBEREITUNG: 1 Std.
QUELLEN: 30 Min.
PRO PORTION ca. 680 kcal,
25 g EW, 31 g F, 72 g KH

1 Für die Pfannkuchen den Reisdrink lauwarm erhitzen. Dann in einer Schüssel mit Hirsemehl, Eiern und 1 Prise Salz zu einem flüssigen Teig verrühren. Den Teig zugedeckt mindestens 30 Minuten quellen lassen.

2 Danach aus dem Teig in einer Pfanne im Butterschmalz bei schwacher bis mittlerer Hitze nacheinander mehrere dünne Pfannkuchen backen. Die Pfannkuchen nur hell bräunen, sonst werden sie zu hart. Fertige Pfannkuchen aus der Pfanne nehmen und warm halten.

3 Für die Füllung den Spinat verlesen und waschen (bei Winterspinat grobe Stiele entfernen). Tropfnass in einem Topf im Knoblauchöl bei schwacher Hitze zusammenfallen lassen. Die Kräuter dazugeben und den Spinat offen 3 Minuten (Winterspinat 10 Minuten) dünsten. Den Ziegenfrischkäse unterrühren und alles mit Salz und Pfeffer würzen.

4 Zum Servieren die Sprossen in einem Sieb heiß abbrausen und gut abtropfen lassen. Die Pfannkuchen mit dem Spinat anrichten und mit den Sprossen garniert servieren.

TIPP

Wählen Sie die Sprossen ganz nach Ihrem Geschmack: Wer es gern würzig und leicht scharf mag, nimmt am besten Radieschensprossen. Alfalfa-Sprossen schmecken mild-frisch, Sonnenblumensprossen überzeugen mit ihrem nussigen Aroma. Im Bioladen finden Sie eine große Auswahl all dieser frischen Keimlinge. Noch vielfältiger wird es, wenn Sie Ihre Sprossen zu Hause selbst züchten. Dafür gibt es praktische Keimbehältnisse und eine breite Palette an Keimsaaten.

KRÄUTER-QUINOA MIT OFENTOFU

Natürlich können Sie die Kräuter-Quinoa auch mit Ihren Lieblingskräutern zubereiten. Probieren Sie doch einmal eine Mischung aus Petersilie und Zitronenmelisse oder Sie kombinieren Thymian und Estragon.

ZUTATEN FÜR 2 PERSONEN
FÜR DEN TOFU:
1 große Knoblauchzehe
1 walnussgroßes Stück Ingwer
1 EL Weißweinessig
1 EL geröstetes Sesamöl
1 EL Zwiebelöl mit Röstaroma (siehe Seite 51)
1 EL Tamari-Sojasauce
½ TL gemahlener Kreuzkümmel
½ TL gemahlener Koriander
200 g Tofu
FÜR DIE QUINOA:
125 g Quinoa
Salz
5 Stiele Koriander
2 Stiele Basilikum
1 Stiel Minze
2 EL Olivenöl
Salz, Pfeffer aus der Mühle

ZUBEREITUNG: 1 Std.
MARINIEREN: über Nacht
PRO PORTION ca. 590 kcal, 24 g EW, 34 g F, 44 g KH

1 Am Vortag für den Tofu den Knoblauch schälen, halbieren und den Boden eines flachen Gefäßes mit den Knoblauchhälften ausreiben. Den Ingwer schälen, fein hacken und mit Essig, beiden Ölsorten, Tamari und Gewürzen in dem Gefäß mischen. Den Tofu in 1½ cm dicke Scheiben schneiden, in der Marinade wenden und zugedeckt im Kühlschrank über Nacht durchziehen lassen.

2 Am nächsten Tag den Backofen auf 220 °C vorheizen. Ein Backblech mit Backpapier belegen. Den marinierten Tofu auf das Blech setzen und im Ofen auf der mittleren Schiene 20 bis 30 Minuten backen, dabei einmal wenden und darauf achten, dass der Tofu nicht zu stark bräunt.

3 Währenddessen für die Quinoa die Körner in einem Sieb gründlich mit kaltem Wasser waschen und abtropfen lassen. In einem Topf mit ¼ l kaltem Wasser aufkochen. Sobald das Wasser kocht, die Hitze reduzieren und die Quinoa zugedeckt bei schwacher Hitze 12 Minuten köcheln lassen. Dann vom Herd nehmen und zugedeckt noch etwa 5 Minuten ruhen lassen.

4 Inzwischen die Kräuter waschen und trocken schütteln, die Blätter abzupfen und fein hacken. Falls nötig, überschüssiges Wasser von der Quinoa abgießen. Dann die Quinoa mit Kräutern und Öl mischen und mit Salz und Pfeffer würzen. Den Tofu aus dem Ofen nehmen und sofort mit der Kräuter-Quinoa servieren.

TIPP

Wenn Sie die Kräuter für die Quinoa variieren möchten, passen Sie am besten auch die Tofu-Marinade geschmacklich an: Ersetzen Sie z. B. das Sesamöl durch Zitronenöl und verwenden Sie statt neutralem Weißweinessig Rotweinessig mit Mittelmeeraromen (siehe Seite 50). Lassen Sie den Koriander weg und nehmen Sie dafür reichlich bunten Pfeffer aus der Mühle und feine Schalenstreifen einer unbehandelten Zitrone oder Orange.

KARTOFFEL-BOHNEN-PFANNE MIT RÄUCHERTOFU

Knoblaucharoma ohne Knoblauch – wie das geht? Der Trick besteht darin, dass man die halbierte Zehe nur anfangs im Öl mitbrät und dann wieder entfernt. So kommt nur das würzige Aroma an den Tofu – ohne Nebenwirkungen für den Darm!

ZUTATEN FÜR 2 PERSONEN
200 g vorwiegend festkochende Kartoffeln
400 g grüne Bohnen
Salz
1 große Tomate
1 Knoblauchzehe
175–200 g Räuchertofu
3 EL neutrales Öl
je 1 TL helle und schwarze Sesamsamen
Tamari-Sojasauce (siehe Tipp)
Pfeffer aus der Mühle

ZUBEREITUNG: 35 Min.
PRO PORTION ca. 480 kcal, 23 g EW, 29 g F, 29 g KH

1 Die Kartoffeln schälen und in mundgerechte Stücke schneiden. Die Bohnen putzen, waschen und je nach Größe halbieren. Die Kartoffeln in Salzwasser 15 Minuten knapp weich garen. Die Bohnen nach 5 Minuten dazugeben und mitgaren. Anschließend alles in ein Sieb abgießen und gut abtropfen lassen.

2 Inzwischen die Tomate waschen, kreuzweise einritzen und kurz mit ins kochende Wasser geben. Dann herausnehmen, kalt abschrecken und häuten. Die Tomate in grobe Stücke schneiden, dabei Stielansatz und Kerne entfernen.

3 Den Knoblauch schälen und längs halbieren. Den Tofu in mundgerechte Würfel schneiden. Das Öl in einer großen Pfanne mit dem Knoblauch stark erhitzen und den Tofu darin unter Wenden anbraten. Die Knoblauchhälften wieder entfernen. Sesamsamen, Kartoffeln, Bohnen und Tomatenstücke dazugeben und alles unter Wenden bei starker Hitze etwa 5 Minuten garen.

4 Zum Servieren die Pfanne mit Sojasauce und Pfeffer würzen und nach Belieben mit einigen Tropfen geröstetem Sesamöl verfeinern.

TIPP

Wer möchte, verschärft die Kartoffel-Bohnen-Pfanne noch mit hauchdünnen roten Chiliringen und gibt noch gehackten Koriander oder Petersilie dazu. Gut zu wissen: Handelsübliche Sojasauce kann Gluten enthalten, da sie unter anderem auf der Basis von Weizen gebraut wird. Deshalb empfiehlt es sich, Tamari-Sojasauce zu verwenden – sie ist garantiert glutenfrei.

KARTOFFELSALAT
AUF ORIENTALISCHE ART

Sie lieben Kartoffelsalat? Dann sollten Sie unbedingt diese Variante probieren! Mit Koriander, Sesam und Zitrone kommt der gute alte Klassiker hier ganz leicht und orientalisch daher. Perfekt dazu: gegrillte marokkanische Würstchen!

ZUTATEN FÜR 2–3 PERSONEN
400 g festkochende Kartoffeln
Salz
1 unbehandelte Zitrone
1 TL Koriandersamen
1 Knoblauchzehe
2 EL Olivenöl
Pfeffer aus der Mühle
1 Frühlingszwiebel
1 Bund Petersilie
4 Cocktailtomaten
1 EL helle Sesamsamen

ZUBEREITUNG: 35 Min.
ZIEHEN: 1 Std.
PRO PORTION (bei 2 Personen)
ca. 300 kcal, 6 g EW,
15 g F, 32 g KH

1 Die Kartoffeln in der Schale gründlich waschen und in Salzwasser 20 Minuten weich garen. Kartoffeln abgießen, ausdampfen lassen und möglichst heiß pellen.

2 Inzwischen die Zitrone heiß waschen und trocken reiben, die Schale fein abreiben und den Saft auspressen. Die Koriandersamen in einer beschichteten Pfanne ohne Fett unter Rühren leicht rösten, bis sie duften. Herausnehmen und im Mörser fein zermahlen.

3 Den Knoblauch schälen, in Scheiben schneiden und in einem Topf in 1 TL Öl andünsten. Dann die Scheiben wieder entfernen. Zitronensaft und 200 ml heißes Wasser dazugießen und aufkochen lassen. Den Topf vom Herd nehmen und den Sud mit Koriander, Zitronenschale, Salz und Pfeffer sowie nach Belieben mit 1 Prise Zucker kräftig würzen. Die Kartoffeln noch warm in dicke Scheiben schneiden und im Sud 1 Stunde durchziehen lassen, dabei von Zeit zu Zeit wenden.

4 Währenddessen die Frühlingszwiebel putzen, waschen und den dunklen Teil in grobe Ringe schneiden (den hellen Teil nicht verwenden). Die Petersilie waschen und trocken schütteln, die Blätter abzupfen und grob hacken. Die Tomaten waschen und vierteln.

5 Den Sesam in einer beschichteten Pfanne ohne Fett unter Rühren leicht rösten. Sofort über die Kartoffeln geben. Frühlingszwiebelgrün, Petersilie, Tomaten und restliches Öl hinzufügen und alles unter die Kartoffeln heben. Den Salat kräftig mit Salz und Pfeffer würzen.

TIPP
Ein Gericht zum Sattessen wird der Kartoffelsalat mit Merguez-Würstchen, den typischen Lamm-Paprika-Würsten aus Marokko. Für 2 Personen 4 bis 6 Würstchen in einer Pfanne in wenig Öl rundum braun braten oder auf dem Holzkohlegrill grillen.

MATJES- UND GARNELEN-SUSHIS
MIT KÜRBIS UND BOHNEN

Der Asia-Klassiker mal anders: mit viel Gemüse und Fisch, aber ohne Meerrettich oder seinen japanischen Verwandten Wasabi. Diese beiden Scharfmacher kann nämlich nicht jeder vertragen – trotzdem bleibt der Genuss nicht auf der Strecke!

ZUTATEN FÜR 2 PERSONEN
250 g Sushireis
3 EL Reisessig
1 EL Mirin (japan. Reiswein)
1 EL Zucker
Salz
100 g grüne Bohnen
100 g Kürbisfleisch
(z. B. Hokkaido-Kürbis)
1 Matjesfilet (ca. 100 g)
100 g Nordseegarnelen
(küchenfertig)
4 Nori-Blätter
Pfeffer aus der Mühle
Tamari-Sojasauce und eingelegter
Ingwer zum Servieren
AUSSERDEM:
1 Sushi-Matte

ZUBEREITUNG: 1 Std.
PRO PORTION ca. 750 kcal,
32 g EW, 15 g F, 110 g KH

1 Den Reis in einem Sieb so lange gründlich mit kaltem Wasser waschen, bis das Wasser klar abläuft, dann gut abtropfen lassen. Den Reis in einem Topf mit Wasser (Menge nach Packungsanweisung) aufkochen und 2 Minuten sprudelnd kochen lassen. Dann zugedeckt bei sehr schwacher Hitze 15 Minuten quellen lassen. Den Topf vom Herd nehmen, ein Tuch darauflegen und den Reis 10 Minuten ruhen lassen.

2 Inzwischen Reisessig und Mirin mit Zucker und 1 TL Salz so lange verrühren, bis sich der Zucker vollständig aufgelöst hat. Die Mischung über den Reis träufeln und mit einem Holzlöffel unterheben. Den Reis abkühlen lassen, dafür am besten in einem weiten Gefäß (beispielsweise in einer großen Pfanne oder auf einem Blech) ausbreiten.

3 Währenddessen die Bohnen putzen und waschen. Mit dem Kürbisfleisch (im Ganzen) in wenig Salzwasser etwa 8 Minuten bissfest garen. Beides abgießen und gut abtropfen lassen. Das Kürbisfleisch längs in etwa ½ cm breite Streifen schneiden. Das Matjesfilet ebenfalls in ½ cm breite Streifen schneiden. Garnelen waschen und trocken tupfen.

4 Zuerst 1 Nori-Blatt mit der glänzenden Seite nach unten auf die Sushi-Matte legen. Ein Viertel des lauwarmen Reises etwa ½ cm dick darauf verteilen, dabei vom oberen Rand des Nori-Blatts 2 cm frei lassen. In der Mitte quer einen Streifen aus der Hälfte der Garnelen legen, dann die Hälfte der Kürbisstifte knapp darunterlegen. Den Belag leicht pfeffern. Das Nori-Blatt mithilfe der Matte aufrollen und vorsichtig festdrücken. Die Matte entfernen, den frei gelassenen Rand des Blatts mit Wasser befeuchten und die Rolle schließen, beiseitelegen.

5 Auf dieselbe Weise eine weitere Kürbis-Garnelen-Rolle formen. Dann zwei Rollen mit Matjes und Bohnen, ebenfalls mit etwas Pfeffer bestreut, formen. Die Rollen in je 6 gleich große Stücke schneiden, das geht am besten mit einem sehr scharfen und befeuchteten Messer. Die Sushis mit Sojasauce und eingelegtem Ingwer servieren.

KABELJAUFILET MIT GEMÜSE IM REISPAPIERPÄCKCHEN

Ein mediterraner Knüller aus dem Ofen: Kabeljau, Paprika und Zucchini treffen auf Kräuter und Knoblauch, umhüllt von hauchdünnem Reispapier. Das Aroma von Knoblauch und Rosmarin wird nur im Öl extrahiert – extra darmschonend!

ZUTATEN FÜR 2 PERSONEN
1 rote Paprikaschote
1 Zucchino
3 Frühlingszwiebeln
1 Knoblauchzehe
2 Zweige Rosmarin
4 EL Öl
4 Blätter Reispapier
(ca. 22 cm Ø, zum Frittieren, nicht für Sommerrollen)
2 Kabeljaufilets
(ohne Haut, à ca. 175 g)
Salz, Pfeffer aus der Mühle
einige Thymianblätter
Fett für die Form

ZUBEREITUNG: 45 Min.
GAREN: 15 Min.
PRO PORTION ca. 570 kcal, 35 g EW, 35 g F, 28 g KH

1 Die Paprika längs halbieren, entkernen, waschen und in Streifen schneiden. Zucchino und Frühlingszwiebeln putzen und waschen. Zucchino in dünne Scheiben schneiden, dunklen Teil der Frühlingszwiebeln in breite Ringe schneiden (den hellen Teil nicht verwenden).

2 Den Backofen auf 200 °C vorheizen. Eine Auflaufform einfetten. Den Knoblauch schälen und längs halbieren. Rosmarin waschen und trocken tupfen. In einer Pfanne 2 EL Öl mit Knoblauch und Rosmarin erhitzen, beides kurz darin schwenken, dann entfernen. Paprika und Zucchino in der Pfanne im Würzöl unter Wenden bei starker Hitze 5 Minuten braten.

3 Die Reispapierblätter in kaltem Wasser kurz einweichen, damit sie geschmeidig werden. Dann je 2 Blätter auf einem Küchentuch aufeinanderlegen und trocken tupfen. Den Fisch waschen und trocken tupfen, mit Salz und Pfeffer würzen. Auf jedem Reispapierblatt mittig einige Thymianblätter und Frühlingszwiebelringe verteilen. Darauf je 1 Fischfilet legen, dann jeweils die Hälfte des Gemüses und die restlichen Frühlingszwiebelringe darauf verteilen. Das Reispapier über dem Gemüse jeweils zu einem Päckchen zusammenschlagen.

4 Die Päckchen in die Form legen, dabei soll die Thymian-Fisch-Seite nach oben zeigen. Mit dem übrigen Öl bestreichen und im Ofen auf der mittleren Schiene etwa 15 Minuten garen, dabei mehrmals mit Öl bestreichen. Die Fischpäckchen aus dem Ofen nehmen und sofort servieren. Dazu passt ein Süßkartoffelpüree (siehe Seite 116).

TIPP

Reispapier kann Tapioka enthalten, das für manche Menschen mit Reizdarmsyndrom problematisch ist. Bei Reispapier sind die verarbeiteten Mengen jedoch minimal – die Blätter sind federleicht – und damit kein Problem. Tapioka wird in diesem Buch nicht als Einzelzutat verwendet, es ist aber Bestandteil verarbeiteter Produkte wie glutenfreier Backwaren. Dann ist der Blick auf die Zutatenliste wichtig. Eventuell wird Tapioka nach den ersten Wochen strenger Ernährungsweise gemäß der Ausschlusstabelle (siehe Seite 144/145) wieder in geringen Mengen toleriert.

FORELLEN DE LUXE
MIT BLITZ-HOLLANDAISE

Während die Fische mit Kräutern gefüllt auf einem fruchtig-aromatischen Bett aus Tomaten, Bananen und Wein schonend garen, wird mit dem Mixer im Handumdrehen eine sämige Hollandaise gerührt – ganz ohne aufwendiges Wasserbad.

ZUTATEN FÜR 2 PERSONEN
FÜR DEN FISCH:
2 Tomaten
2 vollreife Mini-Bananen
2 kleine Schalotten
einige Stiele Estragon
2 Forellen
(küchenfertig, à ca. 300 g)
1 Knoblauchzehe
1 unbehandelte Zitrone
einige Stiele Petersilie
Salz, Pfeffer aus der Mühle
150 ml trockener Weißwein
FÜR DIE HOLLANDAISE:
60 g Butter
1 Eigelb
1 TL Naturjoghurt
Salz, Pfeffer aus der Mühle
Zucker

ZUBEREITUNG: 50 Min.
PRO PORTION ca. 600 kcal,
39 g EW, 33 g F, 20 g KH

1 Für den Fisch die Tomaten waschen und in kleine Würfel schneiden, dabei die Stielansätze und Kerne entfernen. Die Bananen schälen und in kleine Würfel schneiden. Beides in eine für die Fische ausreichend große Pfanne mit Deckel legen. Die Schalotten schälen, halbieren und auf der Schnittfläche in die Pfanne legen. Den Estragon waschen, trocken schütteln und mit in die Pfanne legen.

2 Die Forellen innen und außen gründlich waschen und trocken tupfen. Den Knoblauch schälen und halbieren. Die Zitrone heiß waschen und trocken reiben, einige Schalenstreifen mit dem Sparschäler abziehen, den Saft auspressen und beiseitestellen. Die Petersilie waschen und trocken schütteln. Die Fische innen mit Salz und Pfeffer würzen, mit Petersilie, je 1/2 Knoblauchzehe und Zitronenschalenstreifen füllen.

3 Den Wein in die Pfanne gießen, alles aufkochen und kurz köcheln lassen. Bei Bedarf noch etwas Wasser dazugießen (in der Pfanne soll mindestens 1/2 cm hoch Flüssigkeit stehen). Die Forellen in die Pfanne auf das Gemüse legen, mit Salz und Pfeffer würzen und alles zugedeckt 15 bis 20 Minuten dünsten.

4 Inzwischen für die Hollandaise die Butter in einem Topf zerlassen. Eigelb und Joghurt in einem hohen Rührbecher mit dem Stabmixer verrühren. Dann weitermixen und dabei die zerlassene Butter langsam dazulaufen lassen. Die Hollandaise mit Salz, Pfeffer, dem beiseitegestellten Zitronensaft und 1 Prise Zucker würzen.

5 Die gegarten Fische aus der Pfanne nehmen und warm halten. Die Schalotten und Estragonstiele aus der Pfanne nehmen. Den Fischsud kurz aufkochen, dann vom Herd nehmen und etwas abkühlen lassen. Den Sud mit der Hollandaise verfeinern und die Forellen mit der Hollandaise-Sauce servieren. Dazu passen Salzkartoffeln.

GEBRATENES FISCHFILET MIT SPROSSEN

Kennen Sie Tilapia? Hinter dem exotischen Namen versteckt sich ein Mitglied aus der Familie der Buntbarsche mit besonders feinem Fleisch. Wie alle Süßwasserfische sollte er aus geschlossener Aquakultur beziehungsweise Fischzucht stammen.

ZUTATEN FÜR 2 PERSONEN
2 Tilapia-Filets (küchenfertig, 300–400 g)
Speisestärke zum Wenden (aus Mais oder Kartoffeln)
1 Handvoll Sonnenblumensprossen
2–3 EL Butterschmalz
50 ml Fischfond (aus dem Glas)
3 EL Crème fraîche
Salz, Pfeffer aus der Mühle
etwas Zitronensaft

ZUBEREITUNG: 20 Min.
PRO PORTION ca. 460 kcal, 38 g EW, 27 g F, 16 g KH

1 Die Fischfilets waschen und trocken tupfen. Etwas Speisestärke in einen tiefen Teller geben und die Filets darin wenden, überschüssige Stärke leicht abklopfen. Die Sonnenblumensprossen in einem Sieb abbrausen und gut abtropfen lassen.

2 In einer Pfanne 2 EL Butterschmalz erhitzen und die Fischfilets darin auf beiden Seiten 2 bis 3 Minuten braten. Dabei, falls nötig, noch etwas Butterschmalz hinzufügen. Die gebratenen Filets herausnehmen und warm halten.

3 Dann die Sprossen in die Pfanne geben und darin einige Sekunden bei starker Hitze durchschwenken. Den Fond dazugießen, die Pfanne vom Herd nehmen und die Crème fraîche einrühren.

4 Die Sauce mit Salz, Pfeffer und Zitronensaft würzen. Die Fischfilets mit den Sprossen und der Sauce servieren.

TIPP

Dazu passt ein Kartoffelstampf oder auch mit kurz gebratenen Chinakohlstreifen verfeinerter Reis. Zum Würzen von Chinakohl eignet sich etwas Curry oder Ingwer beziehungsweise 1 Handvoll frisch gehackte Kräuter.

MEDITERRANE DORADE
AUF GEMÜSEBETT

Mit diesem Klassiker angeln Sie nicht nur Komplimente, sondern auch eine gute Portion Gesundheit. Denn neben sättigendem Eiweiß liefern die Doraden auch wertvolle Fette. Ein Grund mehr, sie öfter auf den Tisch zu bringen.

ZUTATEN FÜR 2 PERSONEN
350 g vorwiegend festkochende Kartoffeln
1 kleine Aubergine
1 gelber Zucchino
2 rote Spitzpaprikaschoten
1 unbehandelte Zitrone
4 EL Olivenöl
einige Zweige Oregano und Thymian
Salz, Pfeffer aus der Mühle
2 Doraden (küchenfertig, à ca. 350 g)
1 Bund Petersilie
2 Knoblauchzehen
10 Cocktailtomaten
6–10 schwarze Oliven (trocken eingelegt)

ZUBEREITUNG: 50 Min.
GAREN: 30–35 Min.
PRO PORTION ca. 530 kcal, 22 g EW, 29 g F, 38 g KH

1 Den Backofen auf 220 °C vorheizen. Die Kartoffeln schälen und in etwa 1/2 cm dicke Scheiben schneiden. Die Aubergine putzen, waschen und in 1 cm große Würfel schneiden. Den Zucchino putzen, waschen und in dünne Scheiben schneiden. Die Paprikaschoten längs halbieren, entkernen, waschen und in dünne Streifen schneiden. Die Zitrone heiß waschen und trocken reiben, einige Schalenstreifen mit dem Sparschäler abziehen und die Zitrone auspressen.

2 Das vorbereitete Gemüse mit Zitronenschalen und etwa 2 EL Zitronensaft in eine große Schüssel geben, mit dem Öl beträufeln und gut mischen. Oregano und Thymian waschen und trocken schütteln, die Blätter abzupfen und etwas kleiner schneiden, dann unter das Gemüse mischen. Das marinierte Gemüse auf einem Backblech locker verteilen, mit Salz und Pfeffer würzen und im Ofen auf der mittleren Schiene etwa 10 Minuten vorgaren.

3 Inzwischen die Doraden innen und außen waschen und trocken tupfen. Die Petersilie waschen und trocken schütteln, die Blätter abzupfen und grob hacken. Die Knoblauchzehen schälen und halbieren. Die Doraden innen mit Salz und Pfeffer würzen, mit Petersilie und Knoblauch füllen. Die Haut der Fische einige Male mit einem scharfen Messer einschneiden, dann ebenfalls mit Salz und Pfeffer würzen. Die Tomaten waschen und halbieren.

4 Das Gemüse aus dem Ofen nehmen (dabei den Ofen nicht ausschalten) und die Fische darauflegen. Die Tomaten mit der Schnittfläche nach oben drumherum verteilen und zuletzt die Oliven auf das Gemüse geben. Die Fische im Ofen auf der mittleren Schiene 20 bis 25 Minuten garen. Herausnehmen und mit dem Gemüse servieren.

TIPP
Leichter verdaulich sind die Paprikaschoten, wenn Sie sie beim Putzen noch zusätzlich mit dem Sparschäler schälen. Und wenn Sie leckere Alternativen als Beilage suchen: Statt Kartoffeln passt auch Tomatenreis (siehe Seite 106) sehr gut zu den Fischen.

MARINIERTES HÄHNCHEN MIT MINI-BRATBANANEN

Klein, aber oho! Die Mini-Variante der gelben Tropenfrucht schmeckt besonders süß und aromatisch. Gebacken passt sie prima zu exotischen Fleischgerichten. Damit sie gut bauchverträglich sind, sollten Bananen immer voll ausgereift sein.

ZUTATEN FÜR 2 PERSONEN
je 1 unbehandelte Orange und Zitrone
1 Knoblauchzehe
2 Gewürznelken
3–4 Zweige Thymian
1 TL Zucker
1 Bund Schnittlauch
Salz, Pfeffer aus der Mühle
250 g Hähnchenbrustfilet (ohne Haut)
2 EL Öl
1–2 EL Butter
2 Mini-Bananen
Pul biber (scharfe Paprikaflocken, ohne Geschmacksverstärker und andere Aromen, siehe Tipp)

ZUBEREITUNG: 40 Min.
MARINIEREN: 3–4 Std.
PRO PORTION ca. 370 kcal, 30 g EW, 22 g F, 13 g KH

1 Orange und Zitrone heiß waschen und trocken reiben, jeweils einige Schalenstreifen mit dem Sparschäler abziehen und je eine Fruchthälfte auspressen (die anderen Hälften anderweitig verwenden). Den Knoblauch schälen und in dünne Scheiben schneiden.

2 In einem kleinen Topf 100 ml Wasser mit Zitrusschalen, Knoblauch, Nelken, Thymian und Zucker einmal aufkochen, dann vom Herd nehmen und abkühlen lassen.

3 Inzwischen den Schnittlauch waschen, trocken schütteln und in feine Röllchen schneiden. Die Hälfte der Schnittlauchröllchen mit dem Zitrussaft zur Würzmarinade geben und mit Salz und Pfeffer kräftig würzen. Das Hähnchenbrustfilet waschen und trocken tupfen, in grobe Würfel schneiden und in der Marinade im Kühlschrank 3 bis 4 Stunden ziehen lassen, dabei mehrmals durchrühren.

4 Danach das Fleisch aus der Marinade nehmen und trocken tupfen. Das Öl in einer Pfanne erhitzen und die Hähnchenwürfel darin rundum anbraten. In einer zweiten Pfanne die Butter zerlassen. Die Bananen schälen und längs halbieren, in der Butter auf beiden Seiten goldgelb braten und mit Pul biber würzen.

5 Das Hähnchenfleisch mit den gebratenen Bananen auf Tellern anrichten und mit den übrigen Schnittlauchröllchen bestreuen. Den Bratfond aus der Hähnchenpfanne mit wenig Marinade lösen und als Sauce über Hähnchen und Bananen träufeln. Dazu passt Tomatenreis (siehe Seite 106) oder Hirsesalat (siehe Seite 52, dann ohne Oliven).

TIPP

Pul biber ist ein türkisches Paprikagewürz, das neben mehr oder minder scharfem Paprika oft noch weitere Zutaten wie Salz, Öl und Geschmacksverstärker enthält. Produkte ohne Geschmacksverstärker bekommen Sie – falls Sie in gut sortierten Supermärkten oder im türkischen Lebensmittelladen nicht fündig werden – auch über den Onlinehandel.

HÄHNCHENSCHENKEL IN TANDOORI-MARINADE

Auf Vorrat stellen Sie hier Ihr eigenes Tandoori-Gewürz her, das ideal mit Joghurt und saurer Sahne harmoniert. Es würzt alle Arten von Fleisch – egal, ob Curry oder Frikadellen. Und auch einfachem Pfannengemüse verleiht es eine Prise Exotik.

ZUTATEN FÜR 2 PERSONEN
FÜR DAS TANDOORI-GEWÜRZ:
8 schwarze Kardamomkapseln
2 Zimtstangen (Ceylon-Zimt)
4 TL Kreuzkümmelsamen
2 EL Koriandersamen
2 TL Gewürznelken
1 TL frisch geriebene Muskatnuss
2 TL Cayennepfeffer
2 EL gemahlene Kurkuma
2 EL Paprikapulver (edelsüß)
AUSSERDEM:
300 g Naturjoghurt
3 EL Zitronensaft
1 EL Öl
Salz, Pfeffer aus der Mühle
8 Hähnchenunterschenkel
(à ca. 100 g)
2–3 Stiele Minze

ZUBEREITUNG: 50 Min.
MARINIEREN: über Nacht + 1 Std.
PRO PORTION ca. 480 kcal,
53 g EW, 24 g F, 12 g KH

1 Am Vortag für das Tandoori-Gewürz die Kardamomsamen aus den Kapseln lösen. Zimtstangen klein brechen. Beides im Mörser mit Kreuzkümmel, Koriander und Nelken zerstoßen. Die gemahlenen Gewürze untermischen und das Gewürz in ein Schraubglas füllen (Reste dunkel aufbewahren und bald verbrauchen). 150 g Joghurt mit 3 TL Tandoori-Gewürz, 2 EL Zitronensaft, Öl, Salz und Pfeffer verrühren. Hähnchenteile waschen und trocken tupfen, die Haut abziehen und das Fleisch jeweils mehrmals quer einige Millimeter tief einritzen. Die Hähnchenschenkel nebeneinander in eine Auflaufform legen und mit der Marinade begießen. Zugedeckt im Kühlschrank über Nacht durchziehen lassen.

2 Am nächsten Tag Minze waschen und trocken schütteln, Blätter abzupfen und fein hacken. Unter den restlichen Joghurt mischen und mit übrigem Zitronensaft, Salz und Pfeffer würzen, 1 Stunde durchziehen lassen. Inzwischen den Backofen auf 240 °C vorheizen. Die Hähnchenschenkel aus dem Kühlschrank nehmen und in der Form im Ofen auf der mittleren Schiene 20 Minuten garen. (Als Garprobe das Fleisch tief einstechen: Es muss klarer Fleischsaft austreten. Damit die Schenkel nicht zu stark bräunen, evtl. mit Alufolie abdecken.) Aus dem Ofen nehmen und mit Naan-Brot (siehe Tipp) servieren. Dazu passt Gurkensalat.

TIPP

Für ein glutenfreies Naan-Brot 300 g glutenfreies Mehl (z. B. Brot-Mix B von Schär) mit 1 gestr. TL Salz verrühren. Eine Mulde bilden, 1 Prise Zucker und 3 TL Trockenhefe hineingeben. 60 ml lauwarme Milch dazugießen und mit Zucker und Hefe verrühren, 10 Minuten gehen lassen. Dann 60 ml lauwarme Milch mit 1 Ei (Größe L) und 150 g Naturjoghurt verquirlen und zum Teig geben. Alles mit den Händen verkneten, Teig zur Kugel formen und zugedeckt an einem warmen Ort 30 Minuten gehen lassen. Dann mit angefeuchteten Händen aus dem Teig kleine Kugeln (ca. 4 cm Ø) formen. Auf wenig Mehl zu dünnen ovalen Fladen ausrollen und in einer Pfanne im Öl bei starker Hitze auf beiden Seiten hellbraun braten (Achtung, das geht sehr schnell!). Passt zu allen Arten von Curry beziehungsweise Fleisch- und Gemüsegerichten mit viel Sauce. Übrig gebliebenes Naan-Brot am nächsten Tag für unterwegs mitnehmen oder nochmals kurz in der Pfanne aufbacken.

CURRY-HÄHNCHEN MIT KOKOSMILCHREIS

Auf diese würzigen Hähnchenfilets mit Curry, Ingwer und Chili sind alle ganz scharf. Dazu gibt es als sanftes Kontrastprogramm feinen Basmatireis, der in Wasser und Kokosmilch gegart wird. Mit besten Grüßen aus Bollywood!

ZUTATEN FÜR 2 PERSONEN
FÜR DAS HÄHNCHEN:
1 Knoblauchzehe
1 walnussgroßes Stück Ingwer
1/2 kleine rote Chilischote
1 TL Currypulver
Saft von 1/2 Zitrone
2 EL Olivenöl
2 Hähnchenbrustfilets (ohne Haut, ca. 350 g)
FÜR DEN REIS:
100 ml Kokosmilch
125 g Basmatireis
Salz
Schnittlauchröllchen zum Bestreuen

ZUBEREITUNG: 45 Min.
MARINIEREN: 1 Std.
PRO PORTION ca. 560 kcal, 48 g EW, 18 g F, 50 g KH

1 Für das Hähnchen die Knoblauchzehe schälen und in Scheiben schneiden. Den Ingwer schälen und fein hacken. Die Chilischote längs halbieren, entkernen, waschen und sehr fein hacken. In einer Auflaufform Knoblauch, Ingwer und Chili mit Currypulver, Zitronensaft und Öl gründlich zu einer Marinade verrühren.

2 Das Hähnchenfleisch waschen, trocken tupfen und in mundgerechte Würfel schneiden. In der Marinade wenden und zugedeckt im Kühlschrank 1 Stunde durchziehen lassen.

3 Danach für den Reis die Kokosmilch in einem Topf mit 200 ml Wasser aufkochen. Den Reis dazugeben und bei schwacher Hitze 15 bis 18 Minuten mehr quellen als kochen lassen.

4 Eine beschichtete Pfanne ohne Fett erhitzen. Die Hähnchenstücke aus der Marinade nehmen und in der Pfanne bei mittlerer Hitze unter Wenden 15 Minuten garen. Zum Servieren den gegarten Reis mit Salz würzen. Mit dem Fleisch anrichten und mit Schnittlauch garnieren.

TIPP

Vorsicht bei scharfen Gewürzen! Zu große Mengen von Chili und Pfeffer können die Schleimhäute reizen und Beschwerden hervorrufen. Glücklicherweise gibt es Currypulver in vielen Varianten – von mild bis scharf, mit Knoblauch oder ohne.

ENTENBRUST AUS DEM OFEN
MIT ROSMARINKARTOFFELN

Kochen auf die gemütliche Tour! Während die Entenbrust im Ofen bei Niedrigtemperatur sanft vor sich hin gart, brutzeln die rohen Kartoffelscheiben in der Pfanne. Das spart das Vorgaren und bewahrt den Darm vor resistenter Stärke.

ZUTATEN FÜR 2 PERSONEN
2 Entenbrüste (à 200–250 g)
Salz, Pfeffer aus der Mühle
400 g vorwiegend fest-kochende Kartoffeln
(z. B. Bamberger Hörnchen)
1 große Knoblauchzehe
2 Zweige Rosmarin
2–3 EL Olivenöl

ZUBEREITUNG: 1 Std.
TEMPERIEREN: 30 Min.
GAREN: 45 Min.
PRO PORTION ca. 780 kcal,
44 g EW, 54 g F, 28 g KH

1 Die Entenbrüste etwa 30 Minuten vor der Zubereitung aus dem Kühlschrank nehmen und auf einem Küchenbrett zugedeckt Zimmertemperatur annehmen lassen.

2 Dann die Entenbrüste waschen und trocken tupfen, die Fettschicht mit einem langen scharfen Messer mehrmals schräg im Abstand von einigen Zentimetern einschneiden (Achtung, dabei möglichst nicht ins Fleisch schneiden!). Die Fettschicht mit Salz bestreuen und das Salz leicht einmassieren. Den Backofen auf 80 °C vorheizen (siehe Tipp).

3 Eine beschichtete Pfanne ohne Fett erhitzen und die Entenbrüste darin auf der Haut bei starker Hitze 3 bis 4 Minuten scharf anbraten. Wenden und auch die Fleischseite 1 bis 2 Minuten scharf anbraten. Das Fleisch herausnehmen und rundum mit Pfeffer würzen, in einen Bräter legen und im Ofen auf der mittleren Schiene etwa 45 Minuten garen. Die Entenbrust ist fertig, sobald sie eine Kerntemperatur von 65 °C (Bratenthermometer!) erreicht hat.

4 Inzwischen die Kartoffeln schälen und in etwa 3 mm dicke Scheiben schneiden. Den Knoblauch schälen und längs halbieren. Den Rosmarin waschen und trocken tupfen. Wenn die Entenbrust etwa 25 Minuten im Ofen ist, die Kartoffeln in einer Pfanne in 2 EL Öl kross braten. Dabei die Scheiben erst wenden, wenn sie auf der Unterseite gebräunt sind.

5 Zuletzt Knoblauchhälften und Rosmarin zu den Kartoffeln geben und mitbraten, bei Bedarf noch etwas Olivenöl hinzufügen. Die Entenbrüste aus dem Ofen nehmen und mit den Kartoffeln servieren.

TIPP
Garen bei Niedrigtemperatur erfordert etwas Zeit, aber dafür wird man mit wunderbar weichem Fleisch belohnt. Prüfen Sie bitte, ob Ihr Backofen die eingestellten 80 °C tatsächlich erreicht und hält. Das geht am besten mit einem einfachen Ofenthermometer.

RAN AN **DIE NUDEL!**

Für alle, die um Frieden in ihrem Bauch ringen, ist Gluten (zunächst) verboten. Doch zum Glück muss deshalb keiner auf Pasta verzichten, denn es gibt eine Vielfalt an glutenfreien Nudeln. Und diese Saucen passen perfekt dazu ...

LAMMBOLOGNESE MIT KREUZKÜMMEL

Für 2 Personen **1 kleine Zwiebel** schälen und in Ringe schneiden. **1 Knoblauchzehe** schälen und halbieren. Beides in einem Topf in **1 EL Öl** hell andünsten, dann entfernen. Im Öl **175 g Lammhackfleisch** (frisch durchgedreht, gibt es z. B. beim türkischen Lebensmittelhändler) unter Rühren krümelig braten. **1 EL Tomatenmark, 1 gestr. TL gemahlenen Kreuzkümmel** und **½ TL gemahlene Kurkuma** kurz mitbraten. **¼ l passierte Tomaten** unterrühren und die Bolognese offen bei schwacher Hitze etwa 30 Minuten köcheln lassen. Mit **Salz, Cayennepfeffer, 1 Prise Zucker** und **1 Spritzer Zitronensaft** würzen.

ZUBEREITUNG: 45 Min.
PRO PORTION ca. 190 kcal,
20 g EW, 10 g F, 5 g KH

ASIA-KOKOSSAUCE
MIT MÖHREN UND CHILI

Für 2 Personen **2 Frühlingszwiebeln** putzen, waschen und den grünen Teil schräg in dünne Ringe schneiden (den hellen Teil nicht verwenden). **1 kleine rote Chilischote** quer halbieren und entkernen, 1 Hälfte in dünne Ringe schneiden. **100 g Möhren** putzen, schälen und in dünne Scheiben schneiden. **1 haselnussgroßes Stück Ingwer** schälen und fein hacken. **1 Knoblauchzehe** schälen und längs halbieren, die Hälften im Wechsel mit der übrigen Chilihälfte auf einen Holzspieß stecken. **200 ml Kokosmilch** mit Knoblauchspieß und Möhren aufkochen. Mit **Salz** würzen und alles zugedeckt bei schwacher Hitze 15 Minuten köcheln lassen, bis die Möhren weich sind. Den Knoblauch-Chili-Spieß entfernen, die Kokossauce mit dem Stabmixer fein pürieren und mit **Salz** und **1 Spritzer Limettensaft** würzen. Mit den Chiliringen garniert servieren.

ZUBEREITUNG: 40 Min.
PRO PORTION ca. 240 kcal,
3 g EW, 19 g F, 12 g KH

BÄRLAUCHPESTO
MIT PECORINO

Für 2 Gläser (à ca. 125 ml Inhalt) **100 g Bärlauch** verlesen, waschen und trocken schütteln. Die Blätter fein schneiden und in den Küchenmixer geben. **150 ml mildes Olivenöl** dazugießen. **20 g Pinienkerne** in einer Pfanne ohne Fett leicht rösten, bis sie duften. Sofort zum Öl geben. **20 g geriebenen harten (= lang gereiften) Pecorino** und **1 TL Salz** hinzufügen. Alles zu einer sämigen Paste mixen, bei Bedarf noch etwas Öl dazugeben. Das Pesto mit **Salz** und **weißem Pfeffer aus der Mühle** würzen und in die sterilisierten Gläser abfüllen. Das Pesto hält sich – mit Olivenöl bedeckt – im Kühlschrank mehrere Wochen.

ZUBEREITUNG: 15 Min.
PRO PORTION (bei 8 Personen)
ca. 190 kcal, 2 g EW, 21 g F, 1 g KH

MINUTENSTEAKS VOM RIND
MIT GLASIERTEN PASTINAKEN

Tolle Knollen, genial verfeinert: Pastinaken werden im Herbst bis zum ersten Frost geerntet. Hier gart man sie erst mit Lorbeer vor und überzieht sie dann hauchdünn mit Karamell. Mit Steaks aus dem Ofen ein echtes „Mmh"-Gericht!

ZUTATEN FÜR 2 PERSONEN
FÜR DIE STEAKS:
einige Zweige Salbei
300 g Rinder-Minutensteaks
2–3 EL Olivenöl
FÜR DIE PASTINAKEN:
400 g Pastinaken
Salz
2 Lorbeerblätter
2 EL Zucker
50 ml Marsala (ital. Likörwein)
20 g kalte Butter
Pfeffer aus der Mühle

ZUBEREITUNG: 40 Min.
MARINIEREN: über Nacht
PRO PORTION ca. 600 kcal,
34 g EW, 31 g F, 37 g KH

1 Am Vortag für die Steaks den Salbei waschen und trocken schütteln, die Blätter abzupfen und in Streifen schneiden. Das Fleisch leicht klopfen, mit Öl bestreichen und mit Salbei bestreuen. Dann zugedeckt über Nacht im Kühlschrank marinieren lassen.

2 Am nächsten Tag das Fleisch etwa 30 Minuten vor der Zubereitung aus dem Kühlschrank nehmen, die Kräuter abstreifen und das Fleisch auf einem Küchenbrett zugedeckt Zimmertemperatur annehmen lassen. Den Backofen auf 80 °C vorheizen (siehe Tipp Seite 100).

3 Währenddessen die Pastinaken putzen, waschen und der Länge nach halbieren oder vierteln. In Salzwasser mit den Lorbeerblättern etwa 10 Minuten bissfest garen.

4 Inzwischen eine Pfanne stark erhitzen und das Fleisch darin ohne Fett auf beiden Seiten nur kurz hellbraun anbraten, auf einen Teller geben und mit Alufolie zugedeckt im Ofen auf der mittleren Schiene ruhen lassen beziehungsweise bis zum Servieren warm halten.

5 Die Pastinaken aus dem Wasser heben und auf einem Küchentuch abtropfen lassen. Den Zucker in einem Topf bei mittlerer Hitze hellbraun karamellisieren und die Pastinaken darin wenden, anschließend die Herdplatte ausschalten. Die karamellisierten Pastinaken mit wenig Wasser ablöschen, dann den Marsala dazugießen und unterrühren. Die Butter ebenfalls untermischen.

6 Zum Servieren die Steaks aus dem Ofen nehmen und mit Pfeffer würzen. Anschließend mit den karamellisierten Pastinaken anrichten. Dazu passen breite Bandnudeln.

FILETSPIESSE MIT TOMATENREIS

Das zarte Rindfleisch badet in einer asiatisch gewürzten Marinade, bevor es in die Pfanne kommt. Das gibt nicht nur Aroma, sondern hält das Filet auch saftig, wenn es gebraten wird. „Heiß und kurz" ist dabei die Devise.

ZUTATEN FÜR 2 PERSONEN
FÜR DIE SPIESSE:
200 g Rinderfilet
1 walnussgroßes Stück Ingwer
4 EL Tamari-Sojasauce
1 EL Zucker
4 EL Öl
6 große Holzspieße
FÜR DEN REIS:
1 Zwiebel
1 Knoblauchzehe
3 EL Öl
Salz
100 g weißer Langkornreis
2 mittelgroße runde Tomaten (ersatzweise 1 kleine Fleischtomate)
2–3 Zweige Oregano
1 gestr. TL Paprikapulver (rosenscharf)
1 Spritzer Zitronensaft
Zucker
Pfeffer aus der Mühle

ZUBEREITUNG: 45 Min.
PRO PORTION ca. 610 kcal, 35 g EW, 31 g F, 45 g KH

1 Für die Spieße das Rinderfilet in etwa 2 cm große Würfel schneiden und auf die Spieße stecken. Den Ingwer schälen, fein reiben und mit Sojasauce, Zucker und Öl verrühren. Die Marinade in ein flaches Gefäß gießen, die Filetspieße darin wenden und bis zur Verwendung in der Marinade ziehen lassen.

2 Inzwischen für den Reis Zwiebel und Knoblauch schälen und in feine Würfel schneiden. Das Öl in einem Topf erhitzen und die Zwiebel- und Knoblauchwürfel darin hellbraun anbraten. Dann das Öl durch ein Sieb in eine Schüssel gießen, Zwiebel- und Knoblauchwürfel entfernen und das Aromaöl wieder zurück in den Topf gießen. In einem zweiten Topf 200 ml Salzwasser aufkochen. Den Reis dazugeben und zugedeckt bei schwacher Hitze 20 Minuten gar ziehen lassen.

3 Währenddessen die Tomaten waschen und klein schneiden, dabei Kerne und Stielansätze entfernen. Den Oregano waschen und trocken schütteln, die Blätter abzupfen und grob hacken.

4 Das Paprikapulver im Aromaöl kurz anrösten, dann die Tomaten dazugeben. Alles aufkochen und etwa 15 Minuten köcheln lassen. Den Oregano zu den Tomaten geben und mitgaren. Gegen Ende der Garzeit die Tomaten mit Salz, Zitronensaft, 1 Prise Zucker und Pfeffer würzen und den gegarten Reis untermischen.

5 Die marinierten Spieße etwas abtropfen lassen und in einer großen Pfanne ohne Fett bei starker Hitze rundum wenige Minuten braten. Mit dem Tomatenreis servieren.

HACKRÖLLCHEN
MIT GELBER PAPRIKASALSA

So darmschonend geht's nur selbst gemacht! Statt gekaufter Würstchen, die oft Zusatzstoffe enthalten, kommen hier hausgemachte Hackröllchen in die Pfanne. Gewürzt wird mit Tomatenmark und Knoblauchöl – wer will, gibt noch Kräuter dazu.

ZUTATEN FÜR 2 PERSONEN
2 gelbe Paprikaschoten
1 Schalotte
5 EL Öl
2 EL Crème fraîche
2 EL fein gehackte Petersilie
Salz, Pfeffer aus der Mühle
250 g Rinderhackfleisch
1 EL Tomatenmark
1 Knoblauchzehe

ZUBEREITUNG: 50 Min.
PRO PORTION ca. 640 kcal,
28 g EW, 53 g F, 11 g KH

1 Den Backofengrill vorheizen. Die Paprikaschoten längs vierteln, entkernen, waschen und mit den Schnittflächen auf ein Backblech legen. Die Schoten unter dem Backofengrill 10 bis 15 Minuten garen, bis die Haut dunkel wird und Blasen wirft. Dann aus dem Ofen nehmen, mit einem feuchten Tuch bedecken und abkühlen lassen.

2 Inzwischen die Schalotte schälen und in feine Würfel schneiden. In einer Pfanne (am besten in der Pfanne, in der später auch die Hackröllchen gebraten werden) 2 EL Öl erhitzen und die Schalottenwürfel darin unter Wenden hellbraun andünsten. Das Öl mit den Schalotten durch ein feines Sieb in eine Schüssel gießen, die Schalotten entfernen.

3 Die abgekühlten Paprikaschoten häuten, klein schneiden und in einen hohen Rührbecher geben. Crème fraîche und Zwiebelöl hinzufügen und alles mit dem Stabmixer fein pürieren. Die Petersilie untermischen und die Paprikasalsa mit Salz und Pfeffer würzen.

4 Für die Hackfleischröllchen das Hackfleisch mit dem Tomatenmark mischen. Die Knoblauchzehe schälen, in feine Scheiben schneiden und in einer Pfanne in 1 EL Öl unter Wenden kurz andünsten. Die Knoblauchscheiben aus dem Öl nehmen und das Knoblauchöl zur Hackfleischmasse geben. Alles gut verkneten und mit Salz und Pfeffer würzen.

5 Aus der Hackmasse mit angefeuchteten Händen fingerdicke kurze Rollen formen. Die Hackröllchen in einer Pfanne im übrigen Öl rundum braun braten, das dauert etwa 4 Minuten. Die Röllchen mit der Salsa auf Tellern anrichten und nach Belieben mit gehackter Petersilie bestreuen.

TIPP

Für Knoblauchöl auf Vorrat einfach 4 Knoblauchzehen schälen, längs halbieren, in ein Schraubglas geben und mit 100 ml Raps- oder Olivenöl aufgießen. Im Kühlschrank ein, zwei Tage ziehen lassen, dann innerhalb von einer Woche verbrauchen.

CURRY-GEMÜSE-HAFER
MIT WURSTBRÄTBÄLLCHEN

Gekochter Nackthafer, der „Superman" unter den Hafersorten, sorgt nicht nur im Bauch für gute Stimmung. Er versorgt uns auch mit viel Magnesium und Vitamin B – echtes Happy Food für Nerven wie Drahtseile!

ZUTATEN FÜR 2 PERSONEN
100 g Nackthafer
1 EL Currypulver
je 150 g Möhren, Kohlrabi und Knollensellerie
2 EL Öl
Salz
2 große frische Bratwürste (siehe Tipp)
2 EL tiefgekühlte gemischte Kräuter (ohne Zwiebeln)
Chiliflocken

ZUBEREITUNG: 50 Min.
PRO PORTION ca. 630 kcal, 22 g EW, 45 g F, 38 g KH

1 Den Hafer in einem Topf ohne Fett kurz rösten, bis er angenehm duftet. Das Currypulver dazugeben und kurz mitrösten. Dann alles mit 200 ml Wasser ablöschen und den Hafer zugedeckt bei schwacher Hitze etwa 40 Minuten sanft köcheln lassen, bis er weich ist. Am Ende der Garzeit ohne Deckel kurz ausdampfen lassen.

2 Nach etwa 20 Minuten Garzeit Möhren, Kohlrabi und Sellerie putzen, schälen und in feine Stifte schneiden. In einem zweiten Topf 1 EL Öl erhitzen und die Gemüsestifte darin farblos andünsten, mit Salz würzen. Dann so viel Wasser dazugießen, dass der Topfboden gerade bedeckt ist. Das Gemüse zugedeckt 10 bis 15 Minuten weich dünsten.

3 Das Brät in Portionen aus den Wurstpellen drücken oder mit einem Messerrücken herausschieben. Aus dem Brät mit angefeuchteten Händen Bällchen formen. Das übrige Öl in einer Pfanne erhitzen und die Bällchen darin rundum braun braten und durchgaren.

4 Die Gemüsestifte mit dem Hafer mischen und die Kräuter unterrühren, mit Salz und Chiliflocken würzen. Den Curry-Gemüse-Hafer zu den gebratenen Wurstbällchen servieren.

TIPP
Statt Bratwurstbrät können Sie auch Hackfleisch von Rind, Schwein oder Lamm für die Bällchen verwenden. Würzen Sie ganz nach Geschmack: Gut geeignet sind zusätzlich zu Salz und Pfeffer Majoran und Petersilie. Ich verwende auch gern ein libanesisches Wurstgewürz, eine fein gemahlene Gewürzmischung mit Piment, Nelken, Muskatnuss und Zimt.

KARTOFFEL-ENDIVIEN-SALAT MIT GEBRATENER CHORIZO

Bitter macht munter! Endiviensalat enthält – genauso wie Chicorée oder Rucola – Bitterstoffe, die unserem Darm guttun: Sie fördern die Verdauungssäfte und helfen, Fett zu verarbeiten. Die ideale Kombi zur etwas fetten Chorizo!

ZUTATEN FÜR 2 PERSONEN
4 mittelgroße festkochende Kartoffeln (siehe Tipp)
Salz
1/2 mittelgroßer Endiviensalat
1/2 Bund Schnittlauch
150 g Chorizo (span. Paprikawurst, am Stück)
1 kleine Knoblauchzehe
2 EL Olivenöl
1 EL Weißweinessig
1 TL scharfer Senf
50 ml Hühnerbrühe
Pfeffer aus der Mühle
Zucker

ZUBEREITUNG: 45 Min.
PRO PORTION ca. 500 kcal,
15 g EW, 36 g F, 28 g KH

1 Die Kartoffeln in der Schale gründlich waschen und in Salzwasser 25 Minuten weich garen. Kartoffeln abgießen, ausdampfen lassen und möglichst heiß pellen.

2 Inzwischen den Endiviensalat in Blätter zerteilen, putzen und waschen. Die Blätter trocken schleudern und quer in feine Streifen schneiden. Den Schnittlauch waschen, trocken schütteln und in feine Röllchen schneiden. Die Chorizo in 1/2 cm dicke Scheiben schneiden.

3 Die Knoblauchzehe schälen und längs halbieren. Das Öl in einer Pfanne erhitzen, den Knoblauch darin bei mittlerer Hitze andünsten und wieder herausnehmen. Die Kartoffeln in etwa 2 cm dicke Scheiben schneiden und im Knoblauchöl andünsten, sie sollen nur sehr hell gebräunt werden. Die Chorizo-Scheiben in einer zweiten Pfanne ohne Fett kross anbraten, dann vom Herd nehmen und beiseitestellen.

4 Die Kartoffeln in eine Salatschüssel geben, Essig, Senf und Brühe hinzufügen und alles gründlich mischen. Dann den Endiviensalat und die Schnittlauchröllchen unterheben und den Salat mit Salz, Pfeffer und 1 Prise Zucker würzen. Mit den Chorizo-Scheiben anrichten.

TIPP

Auch wenn für viele Kartoffelsalate empfohlen wird, Kartoffeln vom Vortag zu verwenden, werden die Pellkartoffeln hier ganz darmfreundlich frisch gekocht. Dann enthalten sie noch keine resistente Stärke, die als Ballaststoff wirkt und zu Darmbeschwerden führen kann. Diese Stärkeform bildet sich nämlich erst beim Abkühlen in den Kartoffeln aus.

RINDERGULASCH
MIT BUNTEN TOMATEN

Mehr Tomate geht nicht: Das Besondere bei diesem Gulasch ist das Trio aus getrockneten, frischen und Dosentomaten. So kommt eine Extraportion Sonne auf den Teller – und Bauch und Seele werden gleichermaßen verwöhnt.

ZUTATEN FÜR 2 PERSONEN
100 g Knollensellerie
150 g Möhren
500 g Rindfleisch
(aus der Schulter)
2 EL Butterschmalz
Salz, Pfeffer aus der Mühle
1 EL Tomatenmark
100 ml kräftiger trockener Rotwein
¼ l Rinderbrühe
4 getrocknete Tomaten
je 5 Zweige Thymian und Oregano
2 Zweige Rosmarin
1 Lorbeerblatt
200 g stückige Tomaten
(aus Dose oder Tetrapak)
6 gelbe Cocktailtomaten
100 g Sahne
Frühlingszwiebelgrünröllchen
zum Bestreuen

ZUBEREITUNG: 2 Std. 30 Min.
PRO PORTION ca. 750 kcal,
55 g EW, 45 g F, 15 g KH

1 Sellerie und Möhren putzen, schälen und in möglichst feine Würfel schneiden. Nach Belieben 1 große Knoblauchzehe schälen und längs halbieren. Das Fleisch in 1 bis 2 cm große Stücke schneiden.

2 Das Butterschmalz in einem großen Topf erhitzen und das Fleisch darin rundum kräftig anbraten, herausnehmen und mit Salz und Pfeffer würzen. Dann Sellerie, Möhren und nach Belieben Knoblauch im Topf bei starker Hitze unter Wenden anrösten, bis alles leicht Farbe angenommen hat. Das Tomatenmark dazugeben und kurz mitrösten.

3 Das Fleisch wieder hinzufügen und nochmals kurz braten. Die Hälfte des Weins dazugießen und unter Rühren fast vollständig einkochen lassen. Den übrigen Wein hinzufügen und ebenfalls einkochen lassen. Die Brühe dazugießen und alles aufkochen.

4 Inzwischen die getrockneten Tomaten in feine Streifen schneiden. Die Kräuterzweige waschen, trocken schütteln, zu einem Bund binden und mit dem Lorbeerblatt und den getrockneten sowie stückigen Tomaten zum Gulasch geben. Das Gulasch zugedeckt bei schwacher Hitze etwa 2 Stunden schmoren.

5 Erst kurz vor dem Servieren die gelben Tomaten waschen, halbieren und zum Gulasch geben. Dann Kräuterbund und Lorbeerblatt wieder entfernen, das Gulasch mit der Sahne verfeinern und mit reichlich Frühlingszwiebelgrün garniert servieren.

TIPP
Dazu passt sehr gut Naan-Brot (siehe Seite 96), aber auch Nudeln oder Reis ergänzen das Gulasch perfekt.

KALBSSCHNITZELCHEN MIT SÜSSKARTOFFELN

Klein und fein! Die Mini-Schnitzel sind in nur 30 Sekunden fertig und kommen deshalb erst in die Pfanne, wenn Süßkartoffeln und Radieschenquark bereits auf dem Teller liegen. Mit diesem Rezept kann man auch bei Gästen punkten!

ZUTATEN FÜR 2 PERSONEN
Salz
1 Süßkartoffel (ca. 400 g)
250 g Sahnequark (40 % Fett)
1 EL Mineralwasser
1 Beet Gartenkresse
1/2 Bund Radieschen
Pfeffer aus der Mühle
6 kleine Kalbsrückensteaks
(à ca. 40 g)
2 EL Öl

ZUBEREITUNG: 50 Min.
PRO PORTION ca. 660 kcal,
44 g EW, 32 g F, 43 g KH

1 Ausreichend Salzwasser in einem Topf zum Kochen bringen (so viel, dass die Süßkartoffel möglichst bedeckt ist). Die Süßkartoffel schälen und im Salzwasser etwa 15 Minuten fast weich garen.

2 Inzwischen den Backofen auf 180 °C vorheizen. Ein Backblech mit Backpapier belegen. Den Quark mit dem Mineralwasser mit einem Schneebesen verrühren. Die Kresse vom Beet schneiden, waschen und trocken tupfen. Die Radieschen putzen, waschen, trocken tupfen und in kleine Würfel schneiden. Drei Viertel der Kresse und die Radieschen unter den Quark rühren, alles mit Salz und Pfeffer würzen.

3 Die Süßkartoffel aus dem Topf nehmen, sobald sie fast gar und innen noch nicht zu weich ist, und längs in dicke Scheiben schneiden (ergibt ca. 5 Scheiben). Die Kartoffelscheiben auf das Blech legen und im Ofen auf der mittleren Schiene noch etwa 15 Minuten backen. Die Süßkartoffelscheiben sollten dann auch in der Mitte durchgegart sein.

4 Inzwischen die Kalbssteaks auf der Arbeitsfläche auslegen und mit einem Fleischklopfer etwas flacher klopfen. Die Süßkartoffelscheiben aus dem Ofen nehmen und auf Teller verteilen, nach Belieben mit etwas grobem Meersalz bestreuen und den Quark dazu anrichten. Mit der restlichen Kresse bestreuen.

5 Das Öl in einer Pfanne erhitzen und die Schnitzel darin auf beiden Seiten etwa 30 Sekunden braten. Zu Süßkartoffelscheiben und Quark auf die Teller geben und mit Salz und Pfeffer würzen.

KRÄUTERLAMM
MIT SÜSSKARTOFFELPÜREE

Ein Bauchschmeichler für besondere Anlässe: Zartes Lammfleisch wird mit Kräuteraromen sanft gegart und schmiegt sich auf dem Teller an ein sahniges Püree aus Süßkartoffeln, Möhren und Ingwer.

ZUTATEN FÜR 2 PERSONEN
FÜR DAS PÜREE:
1 Süßkartoffel (ca. 200 g)
150 g Möhren
1 walnussgroßes Stück Ingwer
1 Lorbeerblatt
Salz, Pfeffer aus der Mühle
20 g Butter (oder 2–3 EL Sahne)
FÜR DAS LAMM:
2 kleine Knoblauchzehen
2 Salbeiblätter
4 Zweige Thymian
1 kleiner Zweig Rosmarin
2 EL Öl
300–350 g Lammlachs

ZUBEREITUNG: 40 Min.
PRO PORTION ca. 510 kcal,
34 g EW, 27 g F, 30 g KH

1 Für das Püree die Süßkartoffel schälen und in grobe Stücke schneiden. Die Möhren putzen, schälen und in dünne Scheiben schneiden. Den Ingwer schälen und fein hacken. Süßkartoffel, Möhren, Ingwer und Lorbeerblatt in wenig Salzwasser zugedeckt weich garen, das dauert etwa 20 Minuten. Dabei darauf achten, dass nichts am Boden ansetzt, gegebenenfalls rechtzeitig (!) noch etwas Wasser dazugießen.

2 Inzwischen für das Lamm den Backofen auf 80 °C vorheizen (siehe Tipp Seite 100). Den Knoblauch schälen. Die Kräuter im Ganzen waschen und trocken tupfen.

3 Das Öl in einer großen Pfanne erhitzen und das Lammfleisch darin mit Knoblauch und Kräutern bei starker Hitze rundum kurz anbraten, sodass es gut gebräunt ist. Dann herausnehmen, in Alufolie wickeln und im Ofen auf der mittleren Schiene etwa 20 Minuten ruhen lassen, das Fleisch sollte danach innen noch rosa sein.

4 Aus dem gegarten Gemüse das Lorbeerblatt entfernen. Dann alles im Topf mit dem Stabmixer fein pürieren, dabei eventuell noch etwas Wasser hinzufügen. Das Süßkartoffelpüree mit Salz und Pfeffer würzen und mit Butter oder Sahne verfeinern.

5 Das Fleisch aus dem Ofen nehmen und aus der Folie wickeln, quer in Scheiben schneiden und mit dem Süßkartoffelpüree servieren.

SÜSSES

Sichern Sie sich Ihr Stück vom **SÜSSEN GLÜCK** und wählen Sie aus **VERFÜHRERISCHEN IDEEN** aus aller Welt: ob süße Sushis, Topfenauflauf, Muffins, Schokopudding, Müsliriegel oder Kuchen. Das sorgt für **GUTE STIMMUNG,** ganz bestimmt nicht nur in Ihrem Bauch!

SÜSSE MILCHREIS-SUSHIS
MIT BUNTEN BEEREN

Da sind alle von der Rolle: Die süßen Sushis sind allein schon optisch eine Show. Und da sie mit in Kokosmilch gegartem Milchreis zubereitet werden, kommen sie ganz ohne Gluten und Laktose daher – hier dürfen also alle beherzt zulangen.

ZUTATEN FÜR 4–6 PERSONEN
200 g Milchreis
800 ml Kokosmilch
Salz
2 gehäufte EL Zucker
1 unbehandelte Limette
100 g Him- und/oder Heidelbeeren
100 g Erdbeeren
1 Kiwi
jeweils einige EL helle Sesamsamen, gepuffter Amarant und Kokosraspel zum Wälzen
AUSSERDEM:
1 Sushi-Matte

ZUBEREITUNG: 45 Min.
KÜHLEN: 1 Std.
PRO PORTION (bei 6 Personen)
ca. 420 kcal, 6 g EW,
27 g F, 39 g KH

1 Den Milchreis mit der Kokosmilch, 200 ml Wasser und 2 Prisen Salz in einem Topf aufkochen. Dann den Reis zugedeckt bei mittlerer Hitze etwa 30 Minuten gar ziehen lassen, dabei ab und zu umrühren. Erst gegen Ende der Garzeit den Zucker hinzufügen und gut umrühren, damit er sich verteilt und auflöst. Die Limette heiß waschen und trocken reiben, die Hälfte der Schale fein abreiben und ebenfalls unter den Reis mischen. Den Reis vom Herd nehmen und abkühlen lassen.

2 Inzwischen die Beeren verlesen, waschen und trocken tupfen. Die Erdbeeren waschen, putzen und vierteln. Die Kiwi schälen und längs in Stifte schneiden.

3 Vom abgekühlten Reis ein Drittel auf der Sushi-Matte als Rechteck ausbreiten. In der Mitte quer einen Streifen aus der Hälfte der Erdbeeren und der Kiwistifte legen, dabei sollten vor und hinter dem Fruchtstreifen je 4 bis 5 cm Reis sein. Den Reis mithilfe der Matte um die Fruchtfüllung zur Rolle formen und vorsichtig festdrücken. Die Matte entfernen. Eine zweite Rolle auf die gleiche Weise aus einem weiteren Drittel Reis formen.

4 Den restlichen Reis mit angefeuchteten Händen portionsweise um je 1 Himbeere oder mehrere Heidelbeeren zu einer Art Praline formen. Alle Sushi-Varianten zugedeckt mindestens 1 Stunde kühl stellen.

5 Zum Servieren 1 Reisrolle im Sesam wälzen, die andere im gepufften Amarant. Die Reisbällchen in Kokosraspeln wälzen. Die Rollen mit einem angefeuchteten scharfen Messer in dicke Scheiben schneiden.

TIPP

Dazu passt eine Schokosauce. Dafür zu gleichen Teilen heißes Wasser, Zucker und Kakao verrühren. Oder Sie servieren die Röllchen mit einem Minzedip – einfach ein paar Minzeblätter waschen, trocken tupfen und mit etwas (laktosefreier) Sahne mit dem Stabmixer fein pürieren.

QUARKAUFLAUF
MIT HIMBEEREN

Wer empfindlich auf Fruktose reagiert und auf Früchte nicht verzichten möchte, kombiniert kleine Mengen davon am besten mit fettem Sahnequark. Der sorgt dafür, dass sich der Magen langsamer leert und die Fruktose verzögert im Darm ankommt.

ZUTATEN FÜR 4 PERSONEN
2 Eier
500 g Sahnequark (40 % Fett)
1 Päckchen Vanillepuddingpulver
125 g Zucker
Salz
4 Zwiebäcke
200 g tiefgekühlte Himbeeren (siehe Tipp)
Fett für die Form

ZUBEREITUNG: 15 Min.
BACKEN: 30–40 Min.
PRO PORTION ca. 460 kcal, 16 g EW, 19 g F, 55 g KH

1 Den Backofen auf 180 °C vorheizen. Eine kleine Auflaufform einfetten. Die Eier trennen. Die Eigelbe mit Quark, Vanillepuddingpulver und Zucker in einer Rührschüssel mit den Quirlen des Handrührgeräts so lange verrühren, bis sich der Zucker vollständig aufgelöst hat.

2 Die Eiweiße mit 1 Prise Salz mit den gesäuberten Quirlen des Handrührgeräts steif schlagen und behutsam unter die Quarkmasse heben. Die Zwiebäcke in einem Gefrierbeutel fein zerkrümeln.

3 Die Hälfte der Quarkmasse in die Auflaufform füllen und glatt streichen, die Zwiebackkrümel darauf verteilen. Dann die tiefgekühlten Himbeeren daraufsetzen und die restliche Quarkmasse darübergeben. Den Auflauf im unteren Drittel des Backofens 30 bis 40 Minuten goldbraun backen. Herausnehmen und kurz abkühlen lassen.

TIPP

Bunte Abwechslung gewünscht? Dann können Sie den Quarkauflauf statt mit Himbeeren auch mit frischen Erdbeeren, geschälten Apfelstücken und Aprikosenhälften zubereiten.

SCHOKOGEFRORENES MIT GLASNUDEL-TOPPING

ZUTATEN FÜR 2 PERSONEN
FÜR DAS GEFRORENE:
6 EL Sahne
1 gestr. TL Kakaopulver
1 TL Zucker
7 glutenfreie Butterkekse (z. B. von Schär)
40 g Zartbitterschokolade (mind. 70 % Kakaoanteil)
2 sehr reife Mini-Bananen
AUSSERDEM:
1–2 Handvoll Glasnudeln (ca. 30 g)
Fett zum Frittieren
Puderzucker zum Bestäuben

ZUBEREITUNG: 30 Min.
TIEFKÜHLEN: 2 Std. 30 Min.
PRO PORTION ca. 490 kcal, 4 g EW, 25 g F, 60 g KH

1 Für das Gefrorene die Sahne in einem Topf erhitzen. Den Kakao mit dem Zucker mischen und in der heißen Sahne auflösen. Die Kakaosahne vom Herd nehmen und auf Zimmertemperatur abkühlen lassen.

2 Die Butterkekse in einem Gefrierbeutel grob zerkrümeln, die Schokolade grob raspeln. Die Bananen schälen, auf einem tiefen Teller mit einer Gabel zu Mus zerdrücken und in einer Schüssel mit der Kakaosahne verrühren. Die Keks- und Schokoladenstücke untermischen.

3 Die Masse mit einem Löffel auf flache Schälchen verteilen und mit Alufolie so abdecken, dass diese die Masse nicht berührt. Im Tiefkühlfach mindestens 2 Stunden gefrieren. Dabei nach 1 ½ Stunden die Konsistenz prüfen – das Gefrorene soll durchgefroren, aber nicht zu hart sein. Das kann unter Umständen bis zu 2 ½ Stunden dauern.

4 Sobald das Gefrorene die richtige Konsistenz hat, ausreichend Fett in einer Fritteuse oder einem Topf auf 170 °C erhitzen. Die Glasnudeln in kleine Stücke brechen und im Öl knusprig frittieren, das dauert nur etwa 30 Sekunden. Die Glasnudeln mit einem Schaumlöffel herausheben, auf Küchenpapier abtropfen lassen und mit Puderzucker bestäuben. Auf dem Schokogefrorenen anrichten.

KOKOSGEFRORENES MIT GRANATAPFEL

ZUTATEN FÜR 2 PERSONEN
2 sehr reife Mini-Bananen
5 EL Kokosmilch
3 EL Kokosraspel
3 EL Kokoschips
1 Granatapfel zum Garnieren (siehe Tipp)

ZUBEREITUNG: 5 Minuten
TIEFKÜHLEN: 2 Std. 30 Min.
PRO PORTION ca. 320 kcal, 3 g EW, 27 g F, 13 g KH

1 Die Bananen schälen und auf einem tiefen Teller mit einer Gabel zu Mus zerdrücken. In einer Schüssel mit der Kokosmilch verrühren. Dann die Kokosraspel und -chips unterrühren. Die Masse mit einem Löffel auf flache Schälchen verteilen und mit Alufolie so abdecken, dass diese die Masse nicht berührt. Das Gefrorene im Tiefkühlfach wie auf Seite 124 beschrieben mindestens 2 Stunden gefrieren.

2 Zum Servieren die Granatapfelkerne auslösen: Dazu den Granatapfel mehrmals auf der Arbeitsfläche mit leichtem Druck hin- und herrollen, um die Kerne zu lockern. Die Frucht halbieren und eine Hälfte auspressen. Die andere Hälfte kopfüber über eine große Schüssel halten und mit einem Kochlöffel die Kerne herausklopfen. Dabei die weißen Fruchtfleischstücke entfernen, sie sind bitter.

3 Das Gefrorene aus dem Tiefkühlfach nehmen und mit der Hälfte von Granatapfelkernen und -saft garnieren (siehe Tipp).

TIPP

Granatäpfel gehören ebenso wie Bananen zu den Obstsorten, die Darmempfindliche gut vertragen. Trotzdem sollten Sie die Mengen im Blick haben. Deshalb wird in diesem Rezept auch nur ein halber Granatapfel zum Garnieren verwendet. Die Reste sind im Kühlschrank 1 Tag haltbar.

SCHOKOPUDDING
MIT MANDELDRINK

Pulver war gestern: Hier kommen echte Schokolade, Mandeln und ein frisches Ei in den Pudding. Der locker untergehobene Eischnee sorgt für eine wunderbar samtige Konsistenz – und dank gerösteter Mandeln gibt's auch was zum Knuspern.

ZUTATEN FÜR 4 PERSONEN
4 Blatt Gelatine
300 ml Mandeldrink
80 g Zartbitterschokolade
(85 % Kakaoanteil)
60 g geschälte Mandeln
2 sehr frische Eier
1 EL Reissirup
Salz
weiße Schokolade zum Garnieren
(siehe Tipp)

ZUBEREITUNG: 20 Min.
KÜHLEN: 4 Std.
PRO PORTION ca. 320 kcal,
10 g EW, 24 g F, 13 g KH

1 Die Gelatine in kaltem Wasser einweichen. Den Mandeldrink in einem Topf erwärmen, aber nicht kochen. Die Schokolade in kleine Stücke schneiden und in dem warmen Mandeldrink auflösen, dann den Topf vom Herd nehmen.

2 Inzwischen die Mandeln grob hacken und in einer beschichteten Pfanne ohne Fett unter Rühren leicht rösten, bis sie duften. Herausnehmen und abkühlen lassen.

3 Die Eier trennen und 1 Eigelb unter die Schokoladenmilch rühren (das andere Eigelb anderweitig verwenden). Den Reissirup ebenfalls unterrühren. Alles erhitzen, aber nicht kochen lassen, dabei ständig mit dem Schneebesen rühren. Die Masse vom Herd nehmen, die Gelatine ausdrücken und etwa 1 Minute unterrühren. Dann die Hälfte der gehackten Mandeln dazugeben, die Masse in eine Glasschüssel füllen und lauwarm abkühlen lassen.

4 Die Eiweiße mit 1 Prise Salz mit den Quirlen des Handrührgeräts zu schnittfestem Schnee schlagen. Sobald die Schokomasse nur noch leicht warm ist, den Eischnee unterheben. Die Schüssel mit Frischhaltefolie abdecken und den Pudding mindestens 4 Stunden kühl stellen.

5 Zum Servieren den Pudding auf Schälchen verteilen und mit den übrigen Mandeln bestreuen. Die weiße Schokolade mit einem Sparschäler in Späne hobeln oder fein reiben und darüberstreuen.

TIPP

Nicht jede Schokolade enthält automatisch Milchzucker – das ist abhängig vom Kakaogehalt. Vollmilchschokolade und weiße Schokolade enthalten meist viel Laktose, Bitterschokolade (mind. 75 % Kakaogehalt) dagegen so gut wie keine (unter 1 g pro 100 g).

POLENTASCHNITTEN
MIT ORANGENKOMPOTT

Süßes Seelenfutter all'italiana: Mit den goldgelben Schnitten und den gewürzten Orangen geht am Tisch die Sonne auf! Wer es noch süßer mag, bestreut die gebratenen Polentaschnitten mit etwas Zucker oder Zimtzucker.

ZUTATEN FÜR 2 PERSONEN
FÜR DIE POLENTASCHNITTEN:
1/2 Vanilleschote
1/4 l Mandeldrink
50 g Hafersahne
75 g Instant-Polenta (Maisgrieß)
Salz
Butterschmalz zum Braten
FÜR DAS KOMPOTT:
1 Orange
1 EL Zucker
Lebkuchengewürz

ZUBEREITUNG: 40 Min.
RUHEN: 1 Std.
PRO PORTION ca. 290 kcal,
2 g EW, 21 g F, 23 g KH

1 Für die Polentaschnitten die Vanilleschote längs aufschneiden und das Mark mit einem spitzen Messer herauskratzen. Mandeldrink und Hafersahne in einen Topf geben, Vanillemark und ausgekratzte Schote hinzufügen und alles aufkochen. Die Polenta und 1 Prise Salz mit einem Schneebesen einrühren und unter Rühren 2 Minuten kochen. Den Topf vom Herd nehmen, die Vanilleschote entfernen und die Polenta auf einem Schneidbrett ausstreichen. Mindestens 1 Stunde ruhen lassen.

2 Wenn die Polenta etwa 45 Minuten abkühlen konnte, für das Kompott die Orange halbieren und eine Hälfte auspressen. Von der anderen Hälfte die Spitze abschneiden, dabei bis ins Fruchtfleisch einschneiden. Dann die Orangenhälfte mit der größeren Schnittfläche nach unten auf ein Schneidbrett setzen und mit einem scharfen Messer rundum die Schale entfernen, dabei bis knapp ins Fruchtfleisch schneiden und den austretenden Saft auffangen. Anschließend die Fruchtfilets zwischen den Trennhäuten herauslösen.

3 Den Zucker in einem kleinen Topf ohne Rühren hell karamellisieren. Den Orangensaft unterrühren und die Sauce etwas einkochen lassen. Die Orangenfilets mit dem beim Auslösen aufgefangenen Saft sowie 1 Prise Lebkuchengewürz hinzufügen. Das Kompott vom Herd nehmen.

4 Zum Servieren die Polenta in Vierecke, Rauten oder Dreiecke schneiden und in einer Pfanne im Butterschmalz bei mittlerer Hitze in wenigen Minuten auf beiden Seiten goldbraun braten. Sofort mit dem Orangenkompott servieren.

SCHMAND-REISWAFFELN AUF HIMBEERSCHAUM

ZUTATEN FÜR 2 PERSONEN
FÜR DIE REISWAFFELN:
40 g Jasminreis
Salz
1 EL Butterschmalz
50 g glutenfreie Mehlmischung (z. B. Mix it! von Schär)
1 Ei
50 ml Reisdrink natur
kohlensäurehaltiges Mineralwasser (Menge nach Bedarf)
50 g Schmand
2 EL Ahornsirup
Butterschmalz für das Waffeleisen
FÜR DEN SCHAUM:
125 g Himbeeren
2 sehr frische Eigelb
2 gehäufte EL Zucker

ZUBEREITUNG: 30 Min.
QUELLEN: 30 Min.
PRO PORTION ca. 610 kcal, 10 g EW, 27 g F, 69 g KH

1 Für die Reiswaffeln den Reis nach Packungsanweisung in leicht gesalzenem Wasser weich garen. Noch warm mit dem Butterschmalz verrühren und abkühlen lassen. Den Reis mit Mehl, Ei und Reisdrink verrühren und den Teig 30 Minuten quellen lassen. Dann so viel Mineralwasser unterrühren, bis der Teig eine zähflüssige Konsistenz hat. Aus der Masse in einem mit Butterschmalz gefetteten Waffeleisen nacheinander knusprige Reiswaffeln backen.

2 Den Schmand auf die Reiswaffeln streichen und mit einem Messer spiralförmig eine Furche durch den Schmand ziehen. Je 1 EL Ahornsirup von der Mitte beginnend auf dem Schmand verteilen, dabei nicht über den Schmandrand hinausgehen.

3 Für den Schaum die Himbeeren verlesen, waschen und trocken tupfen. Mit 2 EL Wasser unter Rühren aufkochen, vom Herd nehmen und durch ein Sieb streichen. Das Püree kurz erhitzen, aber nicht kochen. Eigelbe und Zucker mit den Quirlen des Handrührgeräts sehr schaumig schlagen. Das erhitzte Beerenpüree langsam dazugießen, dabei immer weiterrühren. Den Himbeerschaum zu den Reiswaffeln servieren.

CHIA-SANDDORN-NOCKEN
MIT KROSSEM REISPAPIER

ZUTATEN FÜR 2 PERSONEN
75 g Frischkäse (Doppelrahmstufe)
100 g Schmand
100 ml ungesüßter Sanddornsaft
5 Stiele Minze
1 TL Chiasamenmehl
4 Blätter Reispapier
(ca. 22 cm Ø, zum Frittieren, nicht für Sommerrollen, siehe Tipp)
Fett zum Frittieren

ZUBEREITUNG: 25 Min.
KÜHLEN: 4 Std.
PRO PORTION ca. 490 kcal,
7 g EW, 38 g F, 30 g KH

1 In einer Schüssel Frischkäse, Schmand und Sanddornsaft cremig verrühren. Die Minze waschen, trocken schütteln und die Blätter abzupfen. Die Hälfte fein hacken und unter die Creme rühren, nach Belieben mit Reissirup süßen. Das Chiasamenmehl gleichmäßig unterrühren. Die Sanddorncreme zugedeckt 4 Stunden kühl stellen.

2 Kurz vor Ende der Kühlzeit die Reispapierblätter zwischen zwei nasse, saubere Küchentücher legen und feucht werden lassen. Dann das obere Tuch entfernen und auf 2 Reisblättern die übrigen Minzeblätter – nach Belieben ganz oder in Streifen geschnitten – verteilen. Die restlichen Reisblätter darauflegen und etwas andrücken. Die Reisblätter auf ein Schneidbrett stürzen und in 6 oder 8 Tortenstücke schneiden.

3 In einer Pfanne das Frittierfett etwa fingerhoch auf 170 °C erhitzen. Die Reispapierstücke darin bei mittlerer Hitze auf beiden Seiten goldgelb frittieren. Herausnehmen und auf Küchenpapier abtropfen lassen. Zum Servieren von der gekühlten Sanddorncreme mit einem Löffel Nocken abstechen und mit dem Minzereispapier auf Tellern anrichten.

TIPP
Die hauchzarten Asia-Reispapierblätter eignen sich als Hülle für so ziemlich alles, was man sich auf dem Teller vorstellen kann. Hier kommen sie ganz puristisch daher – als knusprige Umhüllung für grüne Kräuterblätter.

SÜSSKARTOFFELBÄLLCHEN AUF THAILÄNDISCHE ART

Die süßen Bällchen gibt es in Thailand auf allen Märkten – am besten schmecken sie ganz frisch frittiert! Damit die Süßkartoffel beim Kochen nicht verwässert, gart man sie aromaschonend in einem Dämpfkorb.

ZUTATEN FÜR 2 PERSONEN
1 Süßkartoffel (ca. 200 g)
100 g Speisestärke
2 gehäufte EL Zucker
Salz
1/2 gestr. TL Backpulver
Fett zum Frittieren
Puderzucker oder Kokosflocken zum Bestreuen oder Beerenmus zum Dippen (nach Belieben)

ZUBEREITUNG: 45 Min.
PRO PORTION ca. 650 kcal,
2 g EW, 34 g F, 83 g KH

1 Die Süßkartoffel waschen, in grobe Stücke schneiden und in einem Dämpfeinsatz über kochendem Wasser etwa 20 Minuten weich dämpfen. Herausnehmen und abkühlen lassen, dann die Schale abziehen und die Süßkartoffel auf einem flachen Teller mit einer Gabel oder im Topf mit einem Kartoffelstampfer zu Mus zerdrücken.

2 Reichlich Frittierfett in einem Topf oder einer Fritteuse auf 170 °C erhitzen (es ist heiß genug, wenn an einem Holzspieß, den man hineinhält, Bläschen aufsteigen). In einer Schüssel Speisestärke, Zucker, 1 Prise Salz und Backpulver mischen, das Süßkartoffelmus dazugeben und alles – zunächst mit einem Kochlöffel, dann mit den Händen – rasch verkneten (siehe Tipp).

3 Aus der Süßkartoffelmasse mit angefeuchteten Händen kleine Kugeln (à ca. 2 1/2 cm Durchmesser) formen und im Fett wenige Minuten goldbraun frittieren, dabei ab und zu drehen. Die Bällchen mit einem Schaumlöffel herausheben, auf Küchenpapier kurz abtropfen lassen und noch heiß servieren. Nach Belieben mit Puderzucker oder Kokosflocken bestreuen oder ein Beerenmus zum Dippen dazu servieren.

TIPP

Den Teig nicht zu lange kneten und die Bällchen sofort nach dem Formen frittieren, sonst verliert das Backpulver seine Triebkraft und die Kugeln gehen beim Backen nicht wie gewünscht auf.

HEISSE SCHOKOLADE
MIT GEWÜRZEN

Sorgt für schnelle Energie und reichlich gute Laune: Der Kakao-Klassiker wird hier mit laktose- und glutenfreiem Reisdrink zubereitet und wärmt dank Gewürzen wie Vanille, Zimt, Anis und Kardamom wunderbar von innen!

ZUTATEN FÜR 2 PERSONEN
400 ml Reisdrink natur
80 g Zartbitterschokolade (85 % Kakaoanteil)
3–4 EL Reissirup
1/4 TL gemahlene Vanille
1 gestr. TL Zimtpulver
1/2 TL Anispulver
1 Msp. gemahlener Kardamom
100 g Sahne
Kakaopulver und/oder Zimtpulver

ZUBEREITUNG: 10 Min.
PRO PORTION ca. 590 kcal, 5 g EW, 38 g F, 54 g KH

1 Den Reisdrink in einem Topf erwärmen, aber nicht kochen. Die beiden Schokoladensorten in grobe Stücke schneiden oder hacken und im warmen Reisdrink unter Rühren schmelzen. Dann 3 EL Reissirup, Vanille, Zimt, Anis und Kardamom unterrühren.

2 Die Sahne in einem hohen Rührbecher mit den Quirlen des Handrührgeräts steif schlagen. Die heiße Schokolade in hohe Kakaobecher gießen, nach Belieben mit etwas Reissirup nachsüßen und die Sahne jeweils als Häubchen daraufsetzen.

3 Zum Servieren die heiße Schokolade mit Kakao oder einer Mischung aus Kakao und Zimt (oder nur mit Zimt) leicht bestäuben.

TIPP

Sie hätten die Sahne auch gern süß? Dann können Sie – sobald die Sahne so gut wie steif geschlagen ist – etwas Reissirup dazugeben und die Sahne dann weiterschlagen. Alle, die Soja vertragen, können die heißen Schokolade auch mit einem Vanille-Sojadrink zubereiten. Dann die gemahlene Vanille weglassen und nur 2 EL Reissirup nehmen. Warum manche Soja schlecht vertragen? Produkte aus der ganzen Sojabohne wie Sojajoghurt oder -sahne enthalten darmbelastende Oligosaccharide (siehe Seite 16). Sind die Sojaprodukte dagegen fermentiert (wie Tempeh oder Miso), entstehen kaum oder keine Darmprobleme.

TAKE-AWAY-SÜSSIGKEITEN

Ein Knusperspaß ganz ohne Bauchgrimmen: Diese Kekse und Riegel sind kleine „Energiebomben" und schmecken superlecker: perfekt als Snack für den Nachmittag im Schwimmbad oder auch als süße Notration in der Handtasche.

MÜSLIRIEGEL DOPPELT GEBACKEN

Für 16–18 Riegel den Backofen auf 150 °C vorheizen. Eine rechteckige Backform mit Backpapier belegen, das Backpapier einfetten. **125 g Traubenzucker** mit **5 EL Wasser** aufkochen, dann vom Herd nehmen. **85 g Haferflocken, je 75 g Kokosraspel und getrocknete Heidelbeeren, 2 EL gehackte Sonnenblumenkerne, 2 Prisen Salz** und **1 TL gemahlene Vanille** mischen. **75 g Kokosöl** im Zuckersirup auflösen und mit den trockenen Zutaten verrühren. Die Müslimasse in der Form verstreichen, festdrücken und im Ofen auf der mittleren Schiene 25 bis 30 Minuten backen. Herausnehmen und abkühlen lassen, den Ofen nicht ausschalten. Ein Backblech mit Backpapier belegen. Die abgekühlte Müsliplatte in Riegel schneiden, diese auf dem Blech verteilen und im Ofen 7 bis 10 Minuten backen. Herausnehmen und abkühlen lassen. Wie bei den Quinoa-Riegeln rechts beschrieben aufbewahren.

ZUBEREITUNG: 20 Min.
BACKEN: 32–40 Min.
PRO STÜCK (bei 16 Riegeln)
ca. 150 kcal, 2 g EW, 9 g F, 15 g KH

ERDNUSSBUTTER-COOKIES MIT CRANBERRYS

Für ca. 16 Stück den Backofen auf 175 °C vorheizen, ein Backblech mit Backpapier belegen. **250 g Erdnussbutter, 120 g braunen Rohrzucker (Demerara)** und **1 Ei** so lange verrühren, bis sich der Zucker aufgelöst hat. **90 g Hafermehl** mit **1 gestr. TL Backpulver** mischen. **40 g getrocknete Cranberrys** klein schneiden und untermischen. Die Mehlmischung unter die Erdnussmasse rühren. Aus dem Teig mit zwei Esslöffeln etwa 16 Portionen mit ausreichend Abstand zueinander auf das Blech setzen. Die Cookies im Ofen auf der mittleren Schiene 8 bis 10 Minuten backen, sie sollten am Rand gerade hellbraun sein. Herausnehmen, abkühlen lassen und luftdicht verschlossen aufbewahren.

ZUBEREITUNG: 20 Min.
BACKEN: 8–10 Min.
PRO STÜCK (bei 16 Cookies)
ca. 160 kcal, 5 g EW, 8 g F, 16 g KH

QUINOA-SCHOKO-RIEGEL OHNE BACKEN

Für 12–15 Riegel **150 g Traubenzucker** mit **6 EL Wasser** aufkochen und vom Herd nehmen. **180 g Quinoa-Flocken, 2 EL gemahlene geschälte Mandeln, 1 Prise Salz, 2 TL helle Sesamsamen** und **75 g gehackte Zartbitterschokolade (75 % Kakaoanteil)** in einer Schüssel mischen. **85 g Kokosöl** im Zuckersirup auflösen, dann unter die trockenen Zutaten mischen. Eine rechteckige Form mit Backpapier auslegen, die Masse darin verstreichen und festdrücken. Im Kühlschrank 1 Stunde fest werden lassen, dann in Riegel schneiden. Kühl und luftdicht verschlossen (am besten mit Backpapier zwischen den Lagen) sind die Riegel etwa 14 Tage haltbar.

ZUBEREITUNG: 20 Min.
KÜHLEN: 1 Std.
PRO STÜCK (bei 15 Riegeln)
ca. 170 kcal, 2 g EW, 8 g F, 21 g KH

TASSENKUCHEN
MIT ORANGE UND SIRUP

In die Tasse, fertig, los: Dieser Mug Cake backt nur gut zwei Minuten, dann wird er warm dampfend mit Zuckersirup überzogen und am besten sofort gegessen. Perfekt für den kleinen Kuchenjieper am Nachmittag!

ZUTATEN FÜR 1 TASSE
(CA. 250 ML INHALT)
40 g glutenfreies Mehl
(z. B. Mix it! von Schär)
4 EL Zucker
1/4 TL Backpulver
Salz
1 unbehandelte Orange
2 EL neutrales Pflanzenöl
1 Ei
Öl für die Tasse

ZUBEREITUNG: 25 Min.
GAREN IN DER MIKROWELLE: 90–120 Sek.
PRO PORTION ca. 700 kcal,
8 g EW, 36 g F, 84 g KH

1 Für den Kuchen in einer Schüssel das Mehl mit 3 EL Zucker, Backpulver und 1 Prise Salz mischen. Die Orange heiß waschen und trocken reiben, einige möglichst lange Schalenstreifen mit dem Sparschäler abziehen und zum Garnieren beiseitelegen, die restliche Schale fein abreiben. Anschließend die Orange halbieren und eine Hälfte auspressen (die andere Hälfte anderweitig verwenden). Einen Porzellanbecher oder eine große Tasse einfetten.

2 In einer zweiten Schüssel 1 EL Orangensaft mit abgeriebener Orangenschale, Öl und Ei gut verquirlen. Diese Mischung zur Mehlmischung geben und alles rasch, aber gründlich verrühren.

3 Den Teig in die Tasse füllen und in der Mikrowelle auf höchster Stufe 1 1/2 bis 2 Minuten garen. Dabei jeweils nach 1 Minute und nochmals nach 1 1/2 Minuten mit einem Holzspieß eine Garprobe machen: Der Teig darf nicht am Spieß kleben bleiben, wenn man hineinsticht. Den Kuchen aus der Mikrowelle nehmen, wenn er gar ist, und mit dem Holzspieß noch weitere Löcher in die Oberfläche stechen.

4 Für den Sirup in einem Glas 1 TL Wasser mit dem übrigen Orangensaft mischen. Den restlichen Zucker in einem Topf bei mittlerer Hitze ohne Rühren hell karamellisieren. Den Topf vom Herd nehmen und die Wasser-Saft-Mischung dazugießen. Dabei erst nur durch Schwenken verteilen und mit dem karamellisierten Zucker mischen, danach alles verrühren. Die Flüssigkeit über den Tassenkuchen träufeln und kurz durchziehen lassen. Zuletzt mit den Orangenschalenstreifen garnieren.

TIPP

Unangemeldeter Besuch steht vor der Tür? Das Rezept lässt sich ganz einfach verdoppeln, verdrei- oder auch vervierfachen. Und da die Tassenkuchen in der Mikrowelle im Nu gebacken sind, dauert es auch nicht sooo viel länger, vier statt einen Kuchen zu zaubern. Übrigens: Im auf 180 °C vorgeheizten Backofen braucht der Tassenkuchen etwa 20 Minuten.

ZITRONENMUFFINS
MIT CRÈME FRAÎCHE

Es braucht nur eine gute Portion Zitrusfrische – schon werden einfache Rührteigmuffins zu unwiderstehlichen Verführern. Ein glutenfreies Mehl auf Maisbasis sorgt für eine schöne sonnengelbe Farbe.

ZUTATEN FÜR 12 MUFFINS
2 Eier
100 g weiche Butter
100 g Zucker
1 unbehandelte Zitrone
120 g glutenfreies Mehl
(z. B. Kuchen & Kekse von Schär, siehe Tipp)
25 g gemahlene Mandeln
1 TL Backpulver
50 g Crème fraîche
Salz
AUSSERDEM:
12 oder 24 Papierförmchen für das Blech

ZUBEREITUNG: 15 Min.
BACKEN: 25 Min.
PRO STÜCK ca. 170 kcal, 2 g EW, 10 g F, 18 g KH

1 Den Backofen auf 180 °C vorheizen. Ein Muffinblech mit Papierförmchen auslegen (alternativ doppelte Papierförmchen auf ein Backblech setzen). Die Eier trennen. Die Butter mit dem Zucker in einer Rührschüssel mit den Quirlen des Handrührgeräts schaumig schlagen, dann nacheinander die Eigelbe unterrühren. Der Zucker soll sich danach komplett aufgelöst haben und die Masse schön schaumig sein.

2 Die Zitrone heiß waschen und trocken reiben, die Schale fein abreiben und den Saft auspressen. Den Zitronensaft unter die Buttermasse rühren. In einer Schüssel Mehl, Mandeln, Backpulver, Crème fraîche und Zitronenschale gut mischen.

3 Die Eiweiße mit 1 Prise Salz in einem hohen Rührbecher mit den Quirlen des Handrührgeräts steif schlagen und in eine große Schüssel geben. Dann portionsweise die Buttermasse und die Mehlmischung mit einem großen Schneebesen unterziehen. Dabei die Massen nur locker, aber homogen mischen.

4 Den Teig auf die Muffinförmchen verteilen und im Ofen auf der mittleren Schiene etwa 25 Minuten hellbraun backen. Die Muffins aus dem Ofen nehmen und kurz abkühlen lassen, dann aus den Mulden lösen und vollständig abkühlen lassen.

MANDELKUCHEN MIT MÖHRENRASPELN

Der saftige, goldgelb leuchtende Kuchen ist der beste Beweis, dass Backen auch ohne Mehl super gelingt! Denn hinter Mandelmehl verbirgt sich kein Getreide, sondern nichts anderes als geschälte Mandeln, die fein gemahlen sind.

ZUTATEN FÜR 1 KLEINE SPRINGFORM (CA. 26 CM Ø)
300 g Möhren
1 unbehandelte Orange
5 Eier
Salz
150 g Zucker
250 g gemahlene geschälte Mandeln (Mandelmehl)
50 g Maismehl
1 gestr. TL Backpulver
1 TL Ingwerpulver
Fett für die Form

ZUBEREITUNG: 25 Min.
BACKEN: 50–60 Min.
PRO PORTION (bei 12 Stücken) ca. 250 kcal, 9 g EW, 14 g F, 19 g KH

1 Den Backofen auf 180 °C vorheizen. Die Form einfetten. Die Möhren putzen, schälen und auf der Gemüsereibe fein raspeln. Die Orange heiß waschen und trocken reiben, von einer Hälfte die Schale fein abreiben und zu den Möhren geben. Die Orangenhälfte auspressen und 2 EL Saft unter die Möhren mischen (die andere Hälfte anderweitig verwenden).

2 Die Eier trennen. Die Eiweiße mit 1 Prise Salz in einem hohen Rührbecher mit den Quirlen des Handrührgeräts steif schlagen. Dann die Eigelbe mit dem Zucker in einer Schüssel schaumig schlagen.

3 Mandeln, Maismehl, Backpulver und Ingwer in einer weiteren Schüssel mischen. Die Mehlmischung mit einem Teigspatel unter den Eigelbschaum rühren, dann den Eischnee unterziehen.

4 Den Teig in die Form füllen und im Ofen auf der mittleren Schiene 50 bis 60 Minuten backen. Den Kuchen aus dem Ofen nehmen und auf einem Kuchengitter abkühlen lassen. Zum Servieren stürzen und nach Belieben verzieren (siehe Tipp).

TIPP

Süßes Topping gefällig? Dann können Sie den Kuchen nach Belieben mit Puderzucker bestäuben oder mit einem Zuckerguss verzieren. Auch lecker und ein echter Hingucker: den Kuchen in feinen Linien mit etwas zerlassener Bitterschokolade (mind. 75 % Kakaogehalt) beträufeln.

ERNÄHRUNGSTAGEBUCH: ESSFALLEN ENTLARVEN

Unangenehme Darmsymptome treten nicht immer sofort nach dem Essen auf, sondern oft erst Stunden später. Deshalb ist es sinnvoll, ein Ernährungstagebuch zu führen: Hier dokumentieren Sie, was und wie viel Sie wann essen und trinken und wie es Ihnen danach geht. So spüren Sie Ernährungsfallen auf und loten individuelle Toleranzschwellen aus.

Am besten Sie führen das Tagebuch mindestens zwei Wochen, als Vorlage können Sie das Beispiel auf der gegenüberliegenden Seite verwenden. Machen Sie sich den Tagebucheintrag zu festen Zeiten zu einer Gewohnheit, dann ist er bald Routine wie das morgendliche Duschen. Ihre Aufzeichnungen können Sie dann auch gemeinsam mit Ihrem Arzt besprechen oder bei einer Ernährungsberatung vorlegen.

MÖGLICHST EHRLICH UND GENAU

Notieren Sie den Zeitpunkt, wann Sie essen, was genau Sie essen (Zutaten, Nährstoffe, Gewürze) und natürlich auch, was Sie trinken. Falls Sie Fertiggerichte zubereiten, notieren Sie die Zutaten auf den Verpackungen. Sollten Sie im Restaurant oder in der Kantine essen, ist es schwieriger, die Mahlzeiten nach Nährstoffen aufzuschlüsseln. Am besten notieren Sie dann einfach die Zutaten. Sie können sich auch vor dem Essen erkundigen, wie die Mahlzeit zubereitet wird. Notieren Sie dann jeweils, wie Sie sich nach den Mahlzeiten gefühlt haben und welche Beschwerden wann aufgetreten sind.

Nach Belieben können Sie noch ergänzen, ob Sie Alkohol getrunken haben und ob und wie viel bzw. wie lange Sie sich bewegt oder Sport gemacht haben. Die Aufzeichnungen schaffen Klarheit darüber, welche Lebensmittel für Sie gut bekömmlich sind und welche nicht. Sie sind hilfreich, um die eigenen (schlechten) Essgewohnheiten zu erkennen, denn nur dann kann man sie ändern.

HISTAMIN-INTOLERANZ

Ein Glas Rotwein am Abend, dazu ein bisschen Käse, und schon beginnt die Nase zu laufen, der Kopf tut weh und am Hals werden rote Flecken sichtbar – alles typische Symptome einer Histamin-Intoleranz. Daneben kann es auch zu Blähungen und weichem Stuhl kommen, vor allem nach dem Verzehr von Lebensmitteln, die eine Gärung, Reifung oder lange Lagerung hinter sich haben. Das macht sie nämlich besonders stark histaminhaltig (Wein, Sekt und Bier sowie Käse, Rohwurst oder Sauerkraut). Auslöser können auch Obst (z. B. Erdbeeren oder Zitrusfrüchte), Gemüse (etwa Tomaten) oder Schokolade sein, die selbst histaminfrei sind, im Körper aber die Freisetzung von Histamin anregen. Bei darmgeschwächten Personen liegt häufig ein Mangel des Histamin abbauenden Enzyms Diaminoxidase in den Dünndarmzellen vor. Werden Histamine dort nicht abgebaut, gelangen sie ins Blut. Eine Histamin-Intoleranz lässt sich nur über eine mehrwöchige Auslassdiät sicher diagnostizieren, bei der histaminhaltige und -freisetzende Lebensmittel gemieden werden.

EINE SEITE IN IHREM ERNÄHRUNGSTAGEBUCH KANN FOLGENDERMASSEN AUSSEHEN:

Blatt ______ **Datum:** ______

FRÜHSTÜCK

Was gegessen? ______

Was getrunken? ______

Wann? ______ *Wie viel?* ______

Wie zubereitet? ______

Wie geht es mir vorher/nachher? ______

ZWISCHENMAHLZEIT

Was gegessen? ______

Was getrunken? ______

Wann? ______ *Wie viel?* ______

Wie zubereitet? ______

Wie geht es mir vorher/nachher? ______

MITTAGESSEN

Was gegessen? ______

Was getrunken? ______

Wann? ______ *Wie viel?* ______

Wie zubereitet? ______

Wie geht es mir vorher/nachher? ______

ZWISCHENMAHLZEIT

Was gegessen? ______

Was getrunken? ______

Wann? ______ *Wie viel?* ______

Wie zubereitet? ______

Wie geht es mir vorher/nachher? ______

ABENDESSEN

Was gegessen? ______

Was getrunken? ______

Wann? ______ *Wie viel?* ______

Wie zubereitet? ______

Wie geht es mir vorher/nachher? ______

ZU VERMEIDENDE LEBENSMITTEL
IM RAHMEN DER DARM-IMMUN-DIÄT

	FRUKTOSE	LAKTOSE
Milchprodukte		Milch, Sahne, saure Sahne, Crème fraîche, Schmand, Buttermilch, Quark, Joghurt, Ricotta, Mascarpone, Hüttenkäse, Frischkäse, Schmelzkäse
Getreide		
Hülsenfrüchte		
Gemüse	Artischocke, Spargel, Zuckererbsen; Tomatenmark, Chutneys	
Obst (und Produkte aus Obst)	Apfel, Birne, Feige, Kirsche, Litschi, Mango, Nashi, Papaya, Quitte, Sternfrucht, Wassermelone, Weintrauben, Trockenobst, Chutneys	
Nüsse		
Süßungsmittel	Agavendicksaft, Fruktosesirup, Fruktose, Honig	
Getränke	Fruchtsaftkonzentrate, mit Haushaltszucker gesüßte Drinks/Softdrinks in großen Mengen, süßer Wein/Most, Sherry, Portwein	Instant-Getränkemischungen mit Milchpulver
Süßwaren	alle mit Honig, Trockenfrüchten und Fruktose gesüßten Süßwaren	Milchschokolade, Milchspeiseeis; alle Süßwaren mit Milchprodukten bzw. mit Laktose als Einzelzutat (siehe Etikett)
Backwaren	alle mit Honig, Trockenfrüchten und Fruktose gesüßten Backwaren	
Lebensmittelzusatzstoffe		

OLIGOSACCHARIDE (FOS und GOS, u. a. Raffinose, Stachyose und Fruktane wie Inulin)	**POLYOLE** (Xylit E 967, Sorbit E 420, Maltit E 965, Mannit E 421)
ballaststoffangereicherte Milchprodukte wie Joghurt, Milch-/Joghurt-/Molkedrink, Quarkspeise u. Ä.	
Gerste, Roggen, Weizen und daraus hergestellte Produkte, Fertigmüsli (Inulin), Weizenkleie	**Xylit:** Fertigmüsli
alle Arten von getrockneten Bohnen (auch Sojabohnen), dicke Bohnen, Linsen (in großen Mengen), Kichererbsen und Kichererbsenmehl, getrocknete Erbsen sowie alle daraus hergestellten Produkte (z. B. Erbswurst), aus gemahlenen Sojabohnen hergestellte Produkte wie Sojajoghurt, Sojasahne ...	
Artischocke, Chicorée, Fenchel, grüne Erbsen, **Knoblauch**, Kohlgemüse, **Lauch**, Pastinaken, Radicchio, Schwarzwurzeln, Spargel, **Zwiebeln** (inkl. Schalotten und des weißen Teils von Lauchzwiebeln)	**Xylit:** von eher geringer Bedeutung, Mengen sehr klein: Blumenkohl, Romanesco, grüne Peperoni; **Mannit:** Pilze
Kaki, Nektarine, Pfirsich, Wassermelone, Weintrauben	**Xylit:** von eher geringer Bedeutung, Mengen sehr klein: Erdbeere; **Sorbit:** Apfel, Aprikose, Brombeere, Birne, Kirsche, Nektarine, Pfirsich, Pflaume/Zwetschge und insbesondere alle aus diesen Obstsorten hergestellten Muse und Marmeladen bzw. Trockenfrüchte, getrocknete Cranberrys, Datteln
Cashewkerne, Pistazien; mehr als ½ Handvoll Mandeln, Haselnüsse und alle anderen Nüsse pro Mahlzeit und Portion; mehr als 1 TL Samen pro Mahlzeit und Portion	
	alle Zuckeraustauschstoffe auf Basis von **Xylit**, **Sorbit**, **Maltit** und **Mannit**
Malzkaffee und Ersatzkaffee (auf Basis von Weizen-, Roggen-, Gersten-, Zichorienmalz); Getränke auf Sojabasis	
	Xylit: insbesondere in Süßwaren mit erfrischendem Geschmack (Minze, Menthol ...), Zahnpflegekaugummis; **Sorbit:** mit Sorbit gesüßte Lebensmittel (Marmeladen, Kompotte ...) und Süßwaren (z. T. Diabetikerprodukte)
	Maltit: viele Diät-Backwaren, Marzipan, Diabetikerbackwaren und -konditorprodukte **Sorbit:** u. a. Diabetikerprodukte/Diätprodukte
Präbiotika, Inulin, FOS	**Maltit:** viele Diätbackwaren, Marzipan, Diabetikerbackwaren und -konditorprodukte; **Sorbit:** u. a. Diabetikerprodukte/Diätprodukte

SOS-KURWOCHE
FÜR IHREN DARM

Endlich mal wieder in seiner Mitte sein – das wünschen sich alle, deren Bauch ständig grummelt und grimmt. Dieser Plan ist für eine Musterwoche in der strengen Anfangsphase aufgebaut, in der Sie alle darmkritischen Stoffe konsequent weglassen sollten. Versuchen Sie bitte, sich möglichst genau daran zu orientieren!

Verzichten Sie zu Beginn am besten sechs bis acht Wochen auf alle Lebensmittel, die Ihren Darm reizen können (siehe Tabelle Seite 144/145). Selbst wenn Sie keine diagnostizierte Intoleranz haben, sollten Sie in dieser Zeit auch Laktose und Gluten möglichst vermeiden. Eine angeschlagene Darmflora kommt mit beidem nur schlecht zurecht. Neben den drei Hauptmahlzeiten, die in dem Wochenplan angegeben sind, ist außerdem am Vormittag oder (!) Nachmittag noch ein Snack oder eine kleine Zwischenmahlzeit erlaubt. Hier geht es mit darmfreundlichen Optionen los – wählen Sie zum Beispiel zwischen 3 bis 4 Cookies (Seite 27), Smoothies (Seite 64/65), Schmand-Reiswaffeln auf Himbeerschaum (Seite 130), Möhren-Süßkartoffel-Suppe mit Minzcroûtons (Seite 58) oder Hirsesalat (Seite 52).

FRÜHSTÜCK | HAUPTGERICHT | ABENDESSEN

1. TAG

Beerenquark mit Reiswaffeln (Seite 26)

Amarant-Küchlein mit Kräuterquark (Seite 76)

Mediterranes Gemüse mit Tofuscheiben (Seite 42)

2. TAG

Rühreier mit Dillkrabben (Seite 33)

Filetspieße mit Tomatenreis (Seite 106)

Marinierte Möhren mit Radieschen (Seite 44)

3. TAG

Quinoa-Frühstück mit Heidelbeeren (Seite 24)

Hirsepfannkuchen mit Spinatfüllung (Seite 80)

Matjes- und Garnelen-Sushis (Seite 86)

4. TAG

Maisbrot mit Cranberry-Minze-Quark (Seite 34 Tipp)

Mariniertes Hähnchen mit Mini-Bratbananen (Seite 94)

Fetaaufstrich mit Oliven (Seite 38) mit Brot

5. TAG

Quinoa-Frühstück mit Heidelbeeren (Seite 24)

Kabeljaufilet mit Gemüse im Reispapier (Seite 88)

Reiskroketten mit Käsefüllung (1/2 Rezept, Seite 74)

6. TAG

Eier auf Wolke sieben (Seite 33)

Kartoffelauflauf mit buntem Gemüse (Seite 78)

Schollenröllchen mit zweierlei Rucola (Seite 62)

7. TAG

Buchweizen-Pfannkuchen mit Erdbeeren (Seite 28)

Kräuterlamm mit Süßkartoffelpüree (Seite 116)

Marinierte Zucchini mit Fetadip (Seite 45)

SCHLANK MIT DER DARM-IMMUN-DIÄT

Sie möchten längst ein paar überflüssige Pfunde loswerden, Ihr Darm macht Ihnen das aber schwer. Dann versuchen Sie es doch einmal mit diesem Wochenprogramm. Hier gibt es lauter sättigende Gerichte, damit Sie erst gar nicht in die Versuchung kommen, tagsüber immer wieder zu „Darmaufregern“ zu greifen.

Wenn Sie auch zu denen gehören, die denken „Ein paar Kilo weniger wären nicht schlecht“, ist dieser Wochenplan genau das Richtige für Sie. Die Mahlzeiten sind so kombiniert, dass Sie mit kalorienausgewogenen Gerichten satt werden, aber gleichzeitig Ihren Bauch schonen – und sich dabei einfach gesund ernähren. Halten Sie zwischen den Mahlzeiten Esspausen ein und denken Sie daran, zwischendurch ausreichend zu trinken. Wenn Sie körperlich aktiv sind, aber auch um Junkfood zu vermeiden, gönnen Sie sich vormittags oder (!) nachmittags noch einen Snack oder eine kleine Zwischenmahlzeit – wie zum Beispiel 3 bis 4 Cookies (Seite 135), Smoothies (Seite 64/65), Beerenquark mit Reiswaffeln (Seite 26), Makrelenaufstrich (Seite 39) mit Brot oder Süßkartoffelbällchen (Seite 132).

FRÜHSTÜCK | HAUPTGERICHT | ABENDESSEN

1. TAG

Fetaaufstrich mit Oliven (Seite 38) mit Brot

Polentanocken mit Auberginen (Seite 70)

Möhren-Süßkartoffel-Suppe mit Minzcroûtons (Seite 58)

2. TAG

Maisbrot mit Cranberry-Minze-Quark (Seite 34 Tipp)

Kartoffelsalat auf orientalische Art (Seite 84)

Sellerieschnitzel mit Kartoffeln und Dip (Seite 72)

3. TAG

Eier auf Wolke sieben (Seite 33)

Asia-Kokossauce (Seite 103) mit Nudeln nach Wahl

Radieschenrohkost mit Endivie und Käse (Seite 54)

4. TAG

Brot nach Wahl mit Makrelenaufstrich (Seite 39)

Kartoffelauflauf mit buntem Gemüse (Seite 78)

Hackröllchen mit gelber Paprikasalsa (Seite 108)

5. TAG

Polentaschnitten (mit 2 TL Marmelade, Seite 128)

Hirsepfannkuchen mit Spinatfüllung (Seite 80)

Rühreier mit Dillkrabben (Seite 33)

6. TAG

Maisbrot und 2 TL Marmelade nach Wahl (Seite 34)

Kräuterkroketten mit Sommersalat (Seite 68)

Kohlrabi-Kartoffel-Suppe mit Räucherlachs (Seite 56)

7. TAG

Eier mit Speck aus dem Ofen (Seite 32)

Entenbrust mit Rosmarinkartoffeln (Seite 100)

Bunter Blattsalat-Mix mit Schinken (Seite 46)

SACHREGISTER

REZEPTREGISTER